校园足球文化活动案例集萃

郭蔚蔚　主编
赵超君　史友宽　副主编

河南大学出版社
HENAN UNIVERSITY PRESS
·郑州·

图书在版编目(CIP)数据

校园足球文化活动案例集萃 / 郭蔚蔚主编. --郑州：河南大学出版社，2025.6. --ISBN 978-7-5649-6398-9

Ⅰ.G843

中国国家版本馆 CIP 数据核字第 2025H29E67 号

责任编辑　王丽芳
责任校对　陈　炜
封面设计　马　龙

出　版	河南大学出版社
	地址：郑州市郑东新区商务外环中华大厦 2401 号　邮编：450046
	电话：0371-86059752（大众文化出版中心）　　网址：hupress.henu.edu.cn
	0371-86059701（营销部）
排　版	郑州市今日文教印制有限公司
印　刷	河南瑞之光印刷股份有限公司
版　次	2025 年 6 月第 1 版　　　　　　　印　次　2025 年 6 月第 1 次印刷
开　本	710 mm×1010 mm　1/16　　　　　印　张　11.75
字　数	197 千字　　　　　　　　　　　　定　价　48.00 元

（本书如有印装质量问题，请与河南大学出版社营销部联系调换。）

前　言

足球享有世界第一运动的美誉。在阳光灿烂的校园里，足球不仅仅是一项竞技运动，更是一种文化，一种精神，一种有效的教育手段，一种健康的生活方式。它承载着青春的激情与梦想，培育了团队协作精神和顽强拼搏精神。

在校园足球发展进程中，足球文化建设是不可或缺的重要任务之一。加强校园足球文化建设对于立德树人、启智增慧、陶冶情操，以及发展足球文化、激发校园活力等都具有重要作用。《校园足球文化活动案例集萃》正是以此为出发点，汇集了部分校园足球特色学校的校园足球文化建设优秀案例，旨在为读者提供一个全面、深入了解校园足球文化的视角。

本书的编写目的并不只是对各种校园足球文化活动进行简单的描述和介绍，而是希望通过这些案例，展示足球文化在学校教育中的积极影响和巨大潜力，挖掘校园足球文化建设对于提升校园足球发展水平的重要作用。希望通过这些优秀案例，引发学校管理者、班主任和体育教师的深度思考，激发他们的创新精神，进一步推进校园足球文化建设。

本书的特点在于理论性与实践性的结合。理论性体现在本书不仅呈现了各种类型的校园足球文化建设优秀案例，还通俗易懂地介绍了文化、足球文化和校园足球文化的一般理论知识，阐释了校园足球文化活动的设计原则和工作要点等。实践性则体现在每个案例都详细地介绍了活动的策划、组织、实施以及效果评估的全过程，这些案例不仅具有代表性，而且具有很强的可复制性。读者可以深入了解每个案例的成功经验、特色亮点及存在的问题，作为本校设计开展校园足球文化建设工作的有益参考。

本书的阅读对象主要是校园足球特色学校的管理者、体育教师以及对校园

足球文化建设感兴趣的其他人员。通过阅读本书的案例及相关理论,可以了解校园足球文化建设的意义和要求以及如何组织和管理校园足球文化活动,从这些案例中借鉴经验,为本校开展校园足球文化活动提供参考,提高校园足球文化建设的设计能力和组织管理能力。

足球文化是中国足球发展的根基和动力,而校园足球文化则是培育足球文化的起点和发展足球文化的源泉。习近平总书记指出:"文化是一个国家、一个民族的灵魂。文化兴国运兴,文化强民族强。"在体育强国战略目标的指引下,校园足球文化建设对于推进我国足球事业深入、持续、健康发展具有深远意义。教育部等七部门联合下发的《关于加强和改进新时代青少年校园足球工作的实施意见》(教体艺〔2024〕1号)明确提出要"注重校园足球文化建设"。希望本书汇集的校园足球文化建设优秀案例能给广大读者带来一些启发和思考,帮助读者进一步理解校园足球文化的内涵和价值,激发对校园足球文化建设的参与热情。

校园足球文化建设是一个长期而复杂的过程,需要广大教育工作者和社会各界的共同努力。我们每个人的一小步终将积累成校园足球改革与发展的一大步。让我们一起走进校园足球文化建设的多彩世界,感受校园足球带给我们的快乐和思考。

目　　录

上篇　校园足球文化概说

一、文化和足球文化 …………………………………………（3）

二、校园文化和校园足球文化 ………………………………（11）

三、足球是教育，足球是文化，足球是生活 …………………（17）

四、加强校园足球文化建设的意义和要求 …………………（23）

五、校园足球文化活动的类型、特点与示例 ………………（27）

六、开展校园足球文化活动的意义 …………………………（37）

七、校园足球文化活动的设计原则与方案制订 ……………（38）

八、开展校园足球文化活动的工作要点与问题应对 ………（45）

下篇　校园足球文化活动案例

案例一　构建足球文化多维空间　创新主题活动育人体系 ………（55）

案例二　创设全员参与机制　打造全景联动足球 …………（61）

案例三　以足球为荣　与快乐相伴　与教育同行 …………（68）

案例四　加强校园足球文化建设　推进校园足球持续发展 ………（75）

案例五　绿茵迸发活力　足球铸就品格 ……………………（79）

案例六　立志传承红色基因　着力发展校园足球 …………（86）

案例七　倡导快乐足球　打造活力校园 ……………………（93）

案例八　做"足"特色　以"球"育人 …………………………（101）

案例九　筑牢足球文化根基　活跃校园文化生活 …………（109）

案例十	发挥足球育人功能　着力足球文化建设	(115)
案例十一	小足球"种"大梦想　文武兼修育栋梁	(122)
案例十二	扎根足球培育梦想　深耕文化育人沃土	(129)
案例十三	聚焦立德树人　彰显校园足球育人价值	(135)
案例十四	多管齐下推动足球文化　多元融合赋能育人实践	(143)
案例十五	绿茵点亮童年　足球促进成长	(148)
案例十六	彰显育人功能　践行"乐享足球"	(156)
案例十七	乐享足球　情智共生　立德树人　成长至上	(162)
案例十八	夯实足球发展根基　打造以文化人环境	(169)
案例十九	百年郑上传薪火　以"球"育人铸品牌	(176)

上篇 校园足球文化概说

2015年国务院办公厅印发的《中国足球改革发展总体方案》将"全社会形成健康的足球文化"作为远期目标之一，2016年国家发展改革委印发的《中国足球中长期发展规划（2016—2050年）》将"培育足球文化"作为主要任务之一，都充分说明了足球文化在中国足球改革发展过程中的重要意义。培育校园足球文化是推进足球运动发展的基础性工程，如何设计与实施丰富多彩的校园足球文化活动，并通过这些活动培育和积淀校园足球文化，为振兴中国足球夯实文化根基，是每个校园足球工作者面对的重要课题，也是编写本书的初衷。

本篇简要分析了文化、足球文化、校园文化和校园足球文化等基本概念的内涵及其意义，介绍了国家与河南省对加强校园足球文化建设的基本要求，并对校园足球文化活动的类型、特点、设计原则、方案制订、工作要点等问题进行了探讨，希望对推进校园足球文化建设有所裨益。

一、文化和足球文化

(一) 文化是什么

"文化"一词被人们广泛运用在生活的方方面面,但在现实生活的不同语境或场合中,"文化"往往被赋予不同的含义。有时,文化指的是学历,比如人们常说的"文化程度";有时,文化指的是阅历或知识,比如人们常说的"这人有文化"或"没文化真可怕";还有时,文化是个很难用一句话说清楚的概念,比如"大陆文化""海洋文化""东方文化""西方文化"等。可见,"文化"是一个既具体又抽象、既简单又复杂的概念。其具体和简单之处在于,人们在生活中能切实感受到文化的无处不在,并且不难理解不同语境下文化一词的具体含义;其抽象和复杂之处在于,我们很难给它统一界定一个既准确又简明且适合多个领域的定义。

人们在工作、学习和学术研究中把文化和其他概念组合在一起,衍生出了不胜枚举的"＋文化"和"文化＋"概念,如古代文化、现代文化、黄河文化、长江文化、茶文化、酒文化、体育文化、戏曲文化、农耕文化、饮食文化以及文化中国、文化金融、文化旅游等。但文化究竟是什么?在哲学、社会学、人类学等不同的学术领域,学者们的阐释都不尽相同,从来没有谁能找到一个放之四海而皆准的对文化的界定。就好比"一千个读者眼中有一千个哈姆雷特",有多少个文化研究学者可能就有多少种理解和界定。

1952年,美国人类学家克罗伯和克拉克洪梳理出"文化"的164种概念。有意思的是,对文化的界定越多,理解就越困难。克罗伯和克拉克洪引用了罗威勒的一段话来说明文化的飘忽不定:"我被托付一项困难的工作,就是谈文化。但是,在这个世界上,没有别的东西比文化更难捉摸。我们不能分析它,因为它的成分无穷无尽;我们不能叙述它,因为它没有固定形状。我们想用文字来界定它的意义,这正像要把空气抓在手里似的;当着我们去寻找文化时,它除了不在我们手里以外,它无所不在。"

进入21世纪后,学界依然被文化的概念困扰。保罗·史密斯说,"此时此刻,这一领域如同其历史中先前的情况一样,没有人真正懂得文化研究现在是什么,它将会是什么,乃至它现在在何处,将来又会在何处。"在这种情况下,试图给文化选择一个已有界定或重新进行界定都有风险。但这又是界定体育文化以及开启本研究的必由之路,否则整个研究会变得漫无目的。以下列举一些关于文化的经典表述,希望可以带来一些启发。

英国人类学、文化学的奠基人爱德华·伯内特·泰勒在其1871年出版的著作《原始文化》中认为,文化是一个复杂的整体,其中包括知识、信仰、艺术、道德、法律、风俗以及作为社会成员的个人所获得的所有能力与习惯,是人类为使自己适应其环境和改善其生活方式所付出的努力。

前文提到的美国人类学家克罗伯和克拉克洪认为,文化存在于各种内隐和外显的模式之中,借助符号的运用得以学习与传播,并构成人类群体的特殊成就,这些成就包括他们制造物品的具体式样。文化的基本要素是传统(通过历史衍生和自由选择得到的)思想观念和价值观,其中尤以价值观最为重要。

英国学者戴维·英格利斯认为,文化是一个既定人群的全部生活方式。这种含义意味着将"文化"定义为某个群体思考、理解、感受、信仰和表现该群体(是这个而不是那个群体)"特征"的全部方式。当个体在某个特定群体中逐渐成长时,这种秉性被个体主动习得或通过"社会化"(或者说是"灌输")进入个体脑海里。

我国文化学者余秋雨认为,文化是一种成为习惯的精神价值和生活方式,它的最终成果是集体人格。他还进一步解释说,成为习惯的精神价值和生活方式,经过长时间的沉淀,一定会结晶出一个东西来,这个东西就是集体人格。人格指的是一个人的生命格调和行为规范,集体人格是指一批人在生命格调和行为规范上的共同默契。这种共同默契不必订立,而是深入潜意识当中成为一种本能。

著名作家梁晓声对文化的理解带有很浓的文学色彩,他认为"文化是植根于内心的修养,无须提醒的自觉,以约束为前提的自由,为别人着想的善良"。不难看出,梁晓声的"植根内心""无须提醒"和余秋雨的"成为习惯""生活方式"

有异曲同工之妙,他们都认为文化现象一旦形成,便具有了自觉性、习惯性等特征。文化的这种自觉性和习惯性特征,在中国传统的茶文化中表现得很明显,茶文化不仅是对饮茶的一种讲究,更是一种深植内心的生活方式。无论是清晨起床后的第一杯茶,还是朋友聚会时的品茶论道,抑或是商务谈判中的以茶会友,茶已经成为中国人生活中不可或缺的一部分。这种成为习惯的生活方式和精神追求,正是文化特征的具体表现。

中国权威性辞书《辞海》对文化概念的解释比较宏观和抽象:"广义指人类社会的生存方式以及建立在此基础上的价值体系,是人类在社会历史发展过程中所创造的物质财富和精神财富的总和。""物质财富和精神财富的总和"这一广义的解释提示我们:文化是一个几乎可以包罗万象的整体性概念。

撇开众说纷纭的学术意义上的文化定义,文化在人类生活中的重要作用和巨大影响是没有异议的。文化作为人类社会在发展进程中共同创造并传承下来的产物,是人们工作、生活和进行社会行为的精神基础,它深深植根于人们的内心世界,渗透于人们的衣食住行、社会习俗、道德规范、宗教信仰、艺术创作、风土人情、审美情趣等方方面面,并在无形中影响甚至左右着人们的行为习惯、生活方式和价值观念,是构成特定区域人群社会现象、精神活动和物质成果的总和。文化几乎涵盖了人类发展历程中积淀的所有知识、经验、观念和行为,反映了人类对事物的共同认知和理解,并在特定的行为准则和社会规则中得以体现,同时也反映着某种社会或社会群体在历史、地理、政治、经济、艺术、信仰、习俗等方面的共同特征。

文化的表现形式是丰富多样的,可以是物质的,如建筑、工具、艺术品等;也可以是非物质的,如意识形态、宗教信仰、价值观念等;还可以是通过具体的物态或行为来反映抽象文化内涵的,这种文化表达方式通过把丰富的历史、地理和人文信息承载其中,成为人们了解和感知不同文化的重要窗口。如大家说到"烩面""胡辣汤",马上就能联想到河南的饮食文化;说到"中",头脑中便会浮现出河南的地理位置和语言特色;说到"烤鸭",首先想到的是北京的全聚德;而说到"四合院",则能勾起对北方民居文化和建筑特色的遐想。

文化既是社会发展的产物,又是推动社会发展的力量,它在无形中影响着

人们的行为和思维方式,同时也反映了一个社会的凝聚力和稳定性。总而言之,文化是一种复杂的社会现象和人类精神活动及其衍生品,是人们习惯化的行为方式和价值观念,是推动社会发展的一种重要力量。

文化一般可分为主流文化和亚文化。主流文化是指在一个国家、民族、社会或某个时代居于支配和主导地位,被人们广泛接受和认同的文化。主流文化通常反映了社会共享的价值观念、道德规范以及由此引发的行为方式。主流文化一般由社会的主要群体共同创造和维护,代表着社会的主导价值观和行为准则。如大家耳熟能详的"富强、民主、文明、和谐,自由、平等、公正、法治,爱国、敬业、诚信、友善"这十二个概念,就是我国社会主义核心价值观的高度凝练,是我国主流文化的精髓和典型符号。亚文化是指相对当下主流文化而言的某种独特而另类的群体文化或文化实践,一般存在于主流文化的大环境之中,但群体规模相对较小。亚文化通常与特定的兴趣、身份、职业、年龄、地区或子文化群体相关联,如青少年群体中比较流行的街舞、cosplay(指利用特定服装、饰品、道具及妆面来扮演动漫、游戏或其他人物角色的行为,也称为角色扮演)、汉服、跑酷等,都具有典型的亚文化特征。

亚文化具有独特的价值观念、行为模式和审美倾向,是一种个体或群体表达自我、建立身份认同和追求共同利益的方式。主流文化和亚文化在社会中共同存在,相互交织并相互影响。主流文化代表了社会的共同价值观念和社会规范,而亚文化则提供了一种多元化和个性化的文化表达方式,它们共同构成了社会文化的多样性和丰富性。此外,某些具有潜在生命力的亚文化在长期的发展进程中有可能会演变成社会的主流文化,例如一些原本只在特定群体中流行的文化现象(如经典的网络语言、表情包等)逐渐被大众接受并发展成为主流文化现象。

(二)体育文化和足球文化

要讨论什么是足球文化,得先从体育文化说起。要讨论什么是体育文化,又绕不开体育。

和文化一样,人们不难理解"体育"一词的具体含义,但关于"体育"的概念却难以取得共识。早在20世纪80年代,人们开始对体育概念进行第一轮大规模探讨。大家发现,很难厘清体育运动(sports)、体育文化(physical culture)、体育教学(physical education)、体育娱乐(physical recreation)、体力活动、身体活动(physical activity)、体质、身体素质(physical fitness)等术语之间的复杂联系。其后,很多学者都提出自己关于体育的解释,但都无法找到一个令所有人满意的概念。好在,虽然体育概念所指的范畴不清晰,但并不影响体育事业自身的蓬勃发展,更不影响体育和文化相结合形成"体育文化"概念。

广义的体育文化是指人类在历史发展进程中,在体育领域创造的一切物质文明与精神文明的总和,主要包括物质文化(如场馆文化、服装文化等)、精神文化(如价值观念、思想意识等)和行为文化(如行为规范、运动技能等)。

从狭义的角度来看,体育文化是指有关体育的精神文明或价值观念,它将来源于社会生活的体育运动作为有价值的人类活动予以肯定和强化,并赋予特定的知识、技能、规则、观赏、教育等文化内涵,从而使体育从人类的自然行为上升为社会文化活动。

一般来说,体育文化被视为一个国家或社会在体育领域逐渐形成并沉积下来的价值观念、精神风貌和行为规范的总和,它是人类整体文化系统中的一个分支,具有自身的独立性和特殊性。随着体育运动的发展,体育文化的影响力已经远远超越了体育领域,成为现代社会中一种具有普遍意义的文化现象。在不同的国家、地区和不同年龄人群中,体育文化的差异是十分明显的。比如加拿大人贝淡宁就无法理解为什么中国人对没有本国队员参赛的足球世界杯表现出如此的热情,"因为世界杯比赛都是在半夜进行的,许多北京人白天睡大觉就是为了等到夜里看世界杯。这让北京众所周知的拥挤交通松了口气,甚至连向城市热线紧急求救的电话数量在世界杯期间也减少了11%"。这种热情就是中国特有的足球文化。套用英格利斯关于文化界定的话,这是一种爱恨交织的,从"感受"一路变成"生活方式"的足球文化。

由于体育文化差异性的存在,人们对待体育的价值观念和行为方式也表现出多样化特点。如有人把远足、骑车、长跑等作为日常健身和休闲的重要方式,而另一些人则可能对此类行为不感兴趣;在大城市,人们热衷于到体育场馆观看高水平的体育竞技,而与此同时,红遍全网的贵州"村超"体育比赛,则从另一个侧面显示了农村体育活动的独特魅力与别样风采。

足球文化是体育文化的重要组成部分,它是由足球运动引发并围绕足球运动而产生的一系列文化现象。足球文化涵盖了与足球运动相关的一切物质、社会、经济、心理和艺术等方面的因素,如与足球运动相关的一系列场馆设计、价值观念、行为模式、历史沿革、足球技术、规则演变、相关产业,以及与足球相关的艺术创作、娱乐活动、社会交往等。

足球文化的形成与发展是和足球运动的自身发展相伴而行的。足球的起源最早可追溯到中国古代的蹴鞠。《史记·苏秦列传》记载:"临淄甚富而实,其民无不吹竽鼓瑟,弹琴击筑,斗鸡走狗六博蹋鞠者。"《史记·卫将军骠骑传》记载:"今之鞠戏,以皮为之,中实以毛,蹴蹋为戏。""蹋鞠""蹴鞠"也就是用脚踢球的活动。唐宋时期,蹴鞠进入发展鼎盛时期,唐代把充气的动物膀胱放入皮缝的球壳中,形成了充气的皮球,宋代出现了专门的蹴鞠团体组织"齐云社"。有研究认为,蹴鞠还曾经沿着丝绸之路,辗转传入埃及、希腊、罗马、法国,直抵英国。由此,2001年,国际足球联合会(以下简称国际足联)第八任主席约瑟夫·布拉特在《国际足球发展史报告》中强调"足球发源于中国"。2005年,在国际足联成立百年庆典的闭幕式中,布拉特同时手持中国古代的"鞠"和现代足球走上闭幕式舞台,正式为临淄颁发了"足球起源地"认定证书。

现代足球运动的成形与完善经历了一个长期的发展过程。1848年诞生了足球运动历史上第一部文字形式的竞赛规则——《剑桥规则》。1863年英格兰足球协会成立,这是足球历史上第一个足球协会。经过多次讨论协商,英格兰足球协会在《剑桥规则》的基础上制定了一部较为统一的足球竞赛规则,这被视为现代足球规则的雏形和现代足球诞生的标志。

1900年,在巴黎举行的第二届夏季奥林匹克运动会中,足球被列入正式比赛项目。1926年,国际足联决定1930年在乌拉圭举行第一届国际足联世界杯比赛,在此之后每四年举办一次世界杯足球比赛。现在,世界杯足球比赛已成为世界上影响力最大的体育赛事,足球文化也逐渐发展成世界范围内影响力巨大的文化现象。

足球文化对人类行为的巨大影响是毋庸置疑的。众多球迷常常为了观看一场足球比赛而千里奔波或通宵达旦,为自己热爱的球队获胜而手舞足蹈,或因为球队失败而陷入沮丧,甚至会为某一球星的行为而发生情绪躁动。大型足球比赛已成为世界上不同国家、民族和文化之间的交流平台,不同国家和地区的球迷聚集在一起,在相互交流中显示他们对足球的痴迷和对球队的热爱,从而促进不同文化的交流与融汇。在一些足球运动水平较高的国家,足球文化已发展成为国家的主流文化现象,每当有重大的国内或国际足球比赛时,人们常常举家前往赛场观看,整个城市万人空巷,比赛场上人山人海。当法国队夺得2018年世界杯足球赛冠军后,球队回国时受到民众近乎狂热的欢迎。巴黎的香榭丽舍大街被前来迎接的人群挤占得水泄不通,9架飞机在巴黎上空拉出蓝白红三色烟雾以示庆祝,这显示了广大民众对本国足球荣誉的崇敬与尊重。

德斯蒙德·莫里斯在《为什么是足球?》一书中说:"在人类历史上的所有事件中,吸引受众最多的并不是某个大型政治场合,也不是庆祝艺术或科学领域某项复杂成就的特殊典礼,而只是一场简单的球类比赛——足球比赛。据称,世界杯决赛期间,有超过十亿人收看全球电视直播。这意味着,全世界人口的一大部分停下了他们手头上的事情,将注意力放在了一小块绿茵场上,看着22个身着亮丽球衣的男子以狂野的姿态和极度的专注拼抢一个足球。如果一艘太空飞船巡航经过地球,外星人监视到了这样的场景,他们将如何解释?他们会如何记录这一段飞行日志?一种神圣的舞蹈?一种例行的战斗?又或者,一种宗教仪式?如果他们由此激起了好奇心,并到全球各地的人类城市展开一番调查,他们很快就会发现:几乎所有的大型人类聚居地至少有一座巨大的空心建筑,它的中间是一片绿地,每隔一段时间就可以在这里观察到类似的踢球仪式。"这就是足球文化。

综上所述,足球文化是一种多元、复合、独特的文化现象,它渗透在社会、心理、历史、经济和艺术等多个层面,对个体和社会产生着深远的影响。足球文化不仅反映了足球运动的本质和特点,还在一定程度上映射着社会文化的发展与变化。由于足球被誉为世界第一运动,在全世界具有很高的普及度和影响力,因此,足球文化已经发展成一种全球性的文化现象,并且在不同国家和地区表

现出各自的风格与特点。

(三)足球文化与足球发展的关系

足球文化和足球发展是一种相互依存、相互影响、相互促进的关系。

正如贫瘠的土壤难以滋养枝繁叶茂的大树,一个国家的足球发展离不开足球文化的发展与繁荣。足球文化就像一片土壤,为足球人才的培育和成长提供了充足的养分。足球文化的荒漠无法提供足球运动的发展条件,只有当足球文化的土壤足够肥沃时,才会有大批优秀的足球人才不断涌现,从而为足球竞技水平的提高提供源源不断的人力资源。纵观世界上足球竞技水平较高的国家,一般都具有深厚的足球文化根基和浓郁的足球文化氛围。因此,要提高一个国家的足球整体发展水平,必须加强足球文化建设,注重夯实足球文化根基,使足球文化这片土壤丰厚肥沃,为足球人才的成长提供良好的环境和条件,从而推动足球竞技水平的不断提升。而足球运动的广泛普及和竞技水平的不断提升,反过来又会影响人们与足球相关的价值观念和行为方式,促进足球运动的价值与理念转化为个体的认知与行为,吸引更多的社会人群去关注足球,参与足球,从而促进足球文化的进一步繁荣。

鉴于足球文化建设对于推进足球发展所具有的基础作用和动力功效,2015年国务院办公厅印发的《中国足球改革发展总体方案》将夯实足球发展的"文化基础"写进基本原则,将"全社会形成健康的足球文化"作为远期目标之一。《中国足球改革发展总体方案》还提出,"积极培育稳定的球迷群体和城市足球文化","发挥典型带动作用。选择一批足球基础好、发展足球条件好、工作积极性高的地方和城市,加强扶持和指导,总结推广足球改革发展的典型经验,以点带面,推动提高"。

在《中国足球改革发展总体方案》基础上,2016年国家发展改革委公布《中国足球中长期发展规划(2016—2050年)》时,把"培育足球文化"作为足球发展的主要任务之一。规划提出:"传承中华民族的传统文化,树立健康、快乐、进取的足球理念,充分发挥足球在强身健体、立德树人方面的积极作用,让参与足球成为健康生活的重要方式。大力弘扬拼搏进取、团结协作、快乐分享的体育精神。加强诚信体系建设。积极倡导尊重规则、尊重对手、尊重观众的行为规范,不断增强足球运动的集体荣誉感和民族自豪感。注重发挥新媒体作用和足球志愿者奉献、友爱、互助、进步的精神,努力培育文明参赛、文明观赛的良好氛围,使足球运动成为传播正能量的重要载体。"以上任务高度概括了我国足球文化的核心价值和主要内容,描绘了足球文化富含的积极价值,为加强足球文化建设和培育足球文化引领了方向。

我们还必须清醒认识到,现实社会中也存在消极的文化现象,甚至文化糟粕。例如传统的等级观念、人情关系、面子文化、熟人现象等,这些消极的文化现象在足球领域也会有所反映,并对足球运动的公平竞争与健康发展产生不良影响。因此,我们在面对各种足球文化现象时,需要保持头脑的清醒,进行审慎和理性的分析判断。对于积极的足球文化现象,应该发扬光大;而对于那些消极的足球文化现象,应该批判和摒弃。只有这样,才能更好地发挥足球文化对于振兴足球运动的积极作用。

二、校园文化和校园足球文化

(一) 什么是校园文化和校园足球文化

校园文化是指在长期的办学过程和教育教学管理活动中,逐步形成并为全体学校成员所认同的以价值观念为核心的群体意识和行为规范,是学校历史传统、工作作风、道德规范、校风校纪、校训校规、校容校貌等因素的总和。校园文化是在学校这一特定环境下形成的文化形态,是学校特有的价值观念和运行方式的反映,是教师和学生共同创造和传承的一种文化现象,反映了学校独特的学习环境和精神风貌。由于校园文化是在特定的环境和特定的人群中形成的,所以可被视为一种带有区域性和群体性色彩的亚文化现象。例如"无体育,不清华"这句口号,就从侧面体现了清华大学对体育工作的重视程度和学校体育传统,而这种悠久的传统是由著名体育教育家马约翰先生所倡导,并在教育实践中不断发展而成的,是校园文化传统的一个生动写照。又如曾任北京大学校长的蔡元培提出"完全人格,首在体育",认为"凡道德以修己为本,而修己之道,又以体育为本"。因此,蔡元培主持北京大学校务的第一年,就成立了北京大学体育会,通过了《北京大学体育会章程》,推动体育成为北京大学校园文化中最熠熠生辉的一环。再如河南大学明伦校区,校园内民国时期的建筑群古朴典雅,错落有致;校园内绿树成荫,香园小径。幽雅的环境不仅营造了宁静温馨的学习氛围,同时也从建筑风格与校园环境的视角体现了该校历史悠久、传承有序的校园文化特征。

校园文化通常与学校师生的共同兴趣、价值观和身份认同等相关联,在某种程度上与社会中的主流文化存在某些差异,并且因学校的类型、地理位置、师生群体和历史传统等因素而有所不同,不同学校和学校群体之间还可能存在某些文化差异。积极、向上、健康的校园文化是一种育人的力量,可以陶冶学生的情操,启迪学生的心智,引导学生形成正确的人生观和价值观,促进学生全面发展和健康成长。近年来学校体育工作中形成的"一校一品""一校多品"现象,还有新涌现的一大批足球特色学校、篮球特色学校等,就是学校体育在发展过程中形成的一种积极的文化现象,体现了不同学校在体育领域的鲜明特色与精神风貌。

校园足球文化是校园文化的重要组成部分,是在校园这一特定环境内,在师生共同参与足球活动过程中所形成的价值观念、行为方式、物质条件、规章制度的总和。如校园足球的场地设施、发展理念、课程设置、足球教学、课余训练、班级联赛、课间活动、足球文化节等,无不浸润着校园足球文化的影响,映射出校园足球文化的特征。可以说,校园足球文化是足球文化和校园文化的有机融合,兼有校园文化和足球文化的共同特征,也是足球文化在校园文化中的具体反映和典型表现。

2020年,教育部等七部门印发《全国青少年校园足球八大体系建设行动计划》(教体艺〔2020〕5号),将"强化导向、完善校园足球舆论宣传引导体系"作为八大体系之一。该体系提出:"鼓励电视媒体直播或转播校园足球赛事,组织创作一批青少年喜闻乐见的动漫、纪录片及文学影视作品,传播校园足球好声音,讲述校园足球好故事,扭转急功近利和锦标主义倾向,弘扬健康向上的价值观,营造健康的足球文化氛围。"

2024年,体育总局等部门印发《中国青少年足球改革发展实施意见》,再次对"繁荣青少年足球文化"提出要求。"重视青少年运动员的思想品德教育及从业人员的职业道德教育,培养青少年运动员爱国主义、集体主义、团结拼搏的精神,树立健康、快乐、进取的足球理念。鼓励引导创作一批青少年喜闻乐见的动漫游戏、文学影视等足球主题精品力作。""加大对青少年足球赛事活动的宣传报道、电视和网络转播,积极展示青少年足球改革发展成效。选树青少年足球先进人物和典型做法,讲好新时代青少年足球故事,弘扬健康向上的足球文化,营造社会、学校、家庭共同关心支持青少年足球健康发展的良好氛围和舆论环境。"

(二)为什么要加强校园足球文化建设

为什么要加强校园足球文化建设?对这个问题的回答需要从我国校园足球的发展历史说起。

如果把校园足球理解为以校园为活动空间、以学生为参与主体的足球运动,那么,这个意义上的校园足球在我国已有一百多年的历史了。1873年,也就是1863年现代足球正式诞生10年之后,欧洲传教士毕安和边得志在广东梅州五华县的元坑村创办中书馆并任教。边得志是德国的一名足球运动员,他把自己擅长的足球运动引入中书馆,开始教学生踢足球,并动手修建了我国内地第一块足球场。奔跑的学生和滚动的足球,为这所山村学校注入了现代运动的活力与激情。此后,足球运动又从元坑村开始向外辐射传播,被更多的地区和学校所接受,元坑村也因此被国家体育总局认定为中国内地现代足球的发源地。这比我国学校体育课上正式出现球类运动早了50年。1923年,国民政府全国教育会联合会颁布《中小学课程标准纲要》,正式把"体操科"改为"体育课",中小学体育课上开始逐渐出现包括足球在内的球类运动的身影。1928年,梅州著名球王李惠堂编过一本《足球经》,另外还写有《球圃菜根录》《足球诠释》等著作。1933年,上海勤奋书局出版由陈奎生编写的《小足球》(中高年级适用),可谓国内较早的足球专用教材。

以上事实说明,足球运动在我国学校的引进和发展距今已有一百多年的历史。但是,一百多年来,足球运动仅作为学校体育教材中球类运动的一部分,在整个体育教材内容中所占的比重很小,加上足球运动对场地面积和设施等物质条件有特殊要求,所以足球在学校体育中的普及程度远远不如田径、体操、篮球等项目那样高,坚持常态化足球教学的学校也为数不多。将加快发展校园足球上升为国家战略,全面加快发展校园足球;把足球作为中小学体育与健康课程的重要内容,并对足球课时数量提出明确要求:这样的发展态势和推进力度只有短短十几年的时间。

因此,从总体上来看,我国校园足球的普及程度还相对较低,校园足球的文化氛围还不够浓郁,文化根基还不够扎实,校园足球的实际地位同其独特的育人价值还很不相称,人们对足球文化的认识还普遍不深刻,足球运动的育人价值尚未转化为教育工作者的共同认知和自觉行为。

河南省校足办常务副主任、河南大学国际足球学院院长郭蔚蔚曾在采访中称,由于发展起步晚,我国对足球的认识还有很大偏差,大部分人还不能从足球文化和足球育人的层面上认识足球。"不管老师、校长,还是家长,在鼓励孩子踢球的同时,不要指望他成为一个精英球员、职业球员。让孩子去踢球,除了强身健体、掌握技能和塑造优秀优良品格这些教育功能之外,其实是把孩子送到球场,让他通过踢球,成为会踢球的老师,会踢球的医生,会踢球的设计师,会踢球的园林师……不论从事怎样的职业,都会踢球。踢球能伴随他的一生,会成为他一生的玩伴,会成为他一生的健身手段,成为他一生的交友平台。"按照前文所提到的英国学者英格利斯的关于文化的界定,只有全社会将足球变成了生活方式,足球才称得上文化。校园足球正是培育足球文化的重要阵地。

正是由于校园足球文化的形成与发展还需要长期的培育和积淀,所以校园足球文化建设工作更需要坚持不懈地大力加强。

(三) 学校管理者的足球观与校园足球发展

这里的足球观是指人们关于足球运动的价值观,即人们怎样认识和看待足球运动,或者说对开展足球运动持什么态度。价值观是人们认知事物、判断是非、区别高下的思维取向,反映了人们对事物的评价态度和重视程度。价值观直接影响人们的信念和行为,对人的行为动机具有导向作用。文化是价值观的源头和体现,价值观是文化构成的核心要素,二者相互影响,共同塑造社会的道德规范和人类的行为方式。人们的价值观差异会造成文化的差异和多样性,并影响着文化的形成与发展。文化背景会对人们的价值观和行为方式产生影响,而社会群体的价值观也会影响文化的形成及其演变。习近平总书记曾强调:"价值观念在一定社会的文化中是起中轴作用的,文化的影响力首先是价值观念的影响力。世界上各种文化之争,本质上是价值观念之争,也是人心之争、意识形态之争。"

日本学者福泽谕吉在《文明论概略》中说:"汲取欧洲文明,必须先其难者而后其易者,首先变革人心,然后改变政令,最后达到有形的物质。按照这个顺序做,虽然有困难,但是没有真正的障碍,可以顺利达到目的。倘若次序颠倒,看来似乎容易,实际上此路不通。"这里的"人心"就是思想、观念和认知。如果不在思想观念上首先实现现代化,制度现代化和物质现代化就不能长久。福泽谕吉的改革次序论对于足球发展同样适用,换句话说,足球观的改革应该放在足球改革的第一位。

对于学校管理者,宽泛地说,其对校园足球的认知与态度、关于校园足球的发展规划、对于师生参与校园足球活动的态度与支持程度等,都与校园足球文化的形成与发展有着密不可分的关系。而其中学校管理者的足球观,即他们对校园足球的认知水平与价值观念,更是和校园足球文化的形成与发展有着千丝万缕的联系,是影响校园足球文化发展的决定性因素。可以设想,如果学校管理者对校园足球持有正确的价值观,认为足球运动具有很高的健身和教育价值,对于增进学生身心健康、促进学生全面发展具有不可替代的特殊功效,便会大力组织开展各种足球活动,充分发挥足球作为教育手段的独特作用。相反,如果学校管理者认为足球运动是和教育无关的踢球玩耍,甚至会对学生的文化学习产生负面影响,那便会对开展校园足球活动持消极被动的态度,不仅需要上级提醒和督促,甚至还需要有外部压力才会采取行动以应付差事。

对足球运动的认知水平和价值观念直接影响学校开展校园足球运动的方

式和效果。最典型的例子是曾经在校园中流行的将足球变成表演道具的足球操。有报道称,自2015年起,足球操开始风靡中小学,随即传到幼儿园。老师花大量时间训练学生集体用花式拍球、运球、手传球、手持球等动作做操,使足球成了一种失去其本来意义的道具,足球操成了与足球技术毫无关系的轻器械体操。于是有网友戏称:"换一个篮球就是篮球操了!"这种"看上去很美"的形式主义足球,表面上是学校管理者不操心、不上心、不专业的表现,实际上是学校管理者的足球观出现了偏差,是对足球运动的认知出现了误区的表现。

综上所述,学校管理者及全校师生对于校园足球的认知水平和价值观念,是影响校园足球文化形成与发展的关键因素,在很大程度上制约着校园足球的发展水平。只有学校管理者和全校师生对校园足球的育人价值具有充分而深刻的理解,并在校园足球观上表现出高度的一致性;只有把学足球、踢足球、看足球变成全校师生的行为习惯,校园足球才具有深入发展的文化基础。校园足球活动成为学校管理者和全校师生无须提醒的自觉行为与共同关注的焦点话题,是校园足球文化形成的重要标志。

(四)开展校园足球文化活动是培育足球文化的有效方式

总体来说,加强校园足球文化建设,培育校园足球文化的路径是多向度和多样化的,如建设足球场、开展足球教学、组织足球大课间活动、建立足球队、举办足球赛、开展足球文化宣传活动、加强对外交流、提高师资水平等。尤其是开展足球教学和组织足球大课间活动,由于其面向全体、全员参与的属性,更具有培育和传播足球文化的功效,是传承足球文化的重要方式。而开展校园足球文化活动,如校园足球文化节、校园足球夏令营、校园足球嘉年华等,则是最直接、有效的校园足球校园文化建设途径,也是本篇要重点介绍的内容。总之,校园足球文化建设不是空洞的说教,也不是抽象的宣讲,而是通过生动、活泼、具体的活动形式,使学生"目濡耳染,不学以能",在潜移默化、润物无声的活动中认识足球,熟悉足球,议论足球并参与足球活动,使校园足球的文化氛围日渐浓厚。

文化一词的英语Culture(文化)来源于拉丁语,原义有"耕种""培养""养育"的意思。可见,文化的形成与发展和栽培、培育、扶植有着密不可分的关系。校园足球文化同样需要培育和扶植。从这一视角看,加强校园足球文化建设的任务是繁重和艰巨的,也是意义深远和重大的。大力开展多样化校园足球活动,营造浓郁的校园足球文化氛围,虽然不会直接产生优秀的足球人才,甚至可能是"前人栽树,后人乘凉",但却可以影响人们对足球运动的认知和态度,可以使更多的学生开始了解乃至热爱足球运动,由此可以使更多有足球天赋的学生被发现和关注,进而为优秀足球人才的脱颖而出积淀丰厚的土壤,营造良好的成长环境。习近平总书记曾指出:"我们说一张蓝图抓到底,不仅需要科学决策,也需要思想境界。什么思想境界?就是功成不必在我。"

最典型的案例是"拔苗助长"。一些教师没有从文化和育人的视角看待足球,而是希望学生能在自己手里尽快、尽早出成绩,违背学生身心发展规律、教育规律和足球运动规律,以"大力出奇迹"为指导思想,拉长训练时间,加大训练强度,结果导致很多学生身体上伤病累累,心理上厌倦烦躁,早早失去了对足球运动的兴趣和热情。

从这个意义上讲,大力加强足球文化建设,不仅是培育足球文化的有效方式,还是足球可持续发展的坚实基础。可以想见的是,当学足球、踢足球、看足球成为广大学生无须提醒的行为方式,当优秀的足球运动员成为同学们心中羡慕的"明星",当学校足球队的优异成绩被全校师生引以为豪,当同学们把加入学校足球队视为莫大荣耀,当足球班级联赛期间校园就像过节那样热闹,尤其是当学校成为肥沃土壤而不是形式主义滋生的温床,当教师成为辛勤园丁而不是拔苗助长的宋国农夫,校园足球乃至学校体育工作的高质量发展就有了厚重的文化底蕴和强大的精神支撑。

三、足球是教育,足球是文化,足球是生活

河南省校足办在开展青少年校园足球活动过程中曾提出过一个响亮的口号:足球是教育!足球是文化!足球是生活!我们该如何理解这一口号的深刻含义呢?足球作为一项体育运动,固然无法替代教育、文化和生活,但我们必须

认识到,足球可以成为教育、文化和生活的重要组成部分,可以成为一种有效的教育手段、特殊的文化现象和健康的生活方式,而且只有当足球成为教育、文化和生活的重要组成部分,提升足球运动整体发展水平的目标才可能实现。

(一) 足球是教育

"足球是教育"这一口号强调了足球运动对人的发展所具有的特殊教育作用和重要影响,促使人们更加深入地理解足球运动特有的教育价值和对青少年成长的促进作用。

探讨足球运动的教育价值,需从体育的教育价值说起。体育活动的主体是人,而人是生物、精神和社会属性的统一体。我们首先是一个自然的、生物的人,然后发展成为一个精神的、社会的人。著名学者李力研认为体育是一种"野蛮的文明"。一方面,体育可以强化人的自然属性,使人类复归到张扬力量速度、崇尚自然野性的生物状态,使人们身体强悍,肌肉发达,拣回业已苍瘪的动物力度,使人充满原始生命活力。另一方面,体育还具有促进人类社会化进程的功能,因为人类从自然人向社会人的转化需要内外环境的共同作用才能发生。任何一个体育项目的发生和发展都是人类文明的结晶和文化发展的产物,经常参加体育运动可以优化人的社会属性,使人在复杂的游戏和竞赛活动中学会遵守规则、公平竞争、相互协作、担当责任,学会宽容和谅解、顺应和服从等社会适应行为,还可以在运动中健全人格,锤炼意志,并通过运动过程获得精神上的享受,从而促进自然人向社会人的发展进程。毛泽东在《体育之研究》一文中所说的"文明其精神,野蛮其体魄",正是对体育这种双重教育价值的精练概括。习近平总书记也提出:"足球运动的真谛不仅在于竞技,更在于增强人民体质,培养人们爱国主义、集体主义、顽强拼搏的精神。"

足球是一个极具攻防对抗性的集体性球类项目,看似充满原始本能的拼争和"野蛮"的身体对抗,实际上一切动作都必须在竞赛规则的约束下有序地进行,而遵守规则是人类社会的基本规范。另外,足球队员还必须通过相互合作才能实现进球的共同目的,而人与人之间的相互合作恰是人类文明产生的重要标志。于是,野蛮和文明就这样被有机融合在足球运动之中,而体育促进人的社会化发展和自然属性回归的双重价值也就这样被足球运动发挥得淋漓尽致。

20世纪二三十年代,我国出现过一位著名足球运动员叫李惠堂。到了70年代,据说李惠堂被一家足球杂志评为"世界五大球王"之一,与贝利、马修斯等人齐名。李惠堂在其著作中,曾开宗明义地指出:"体育真谛,道德为本,技术为末,先求其本,后齐其末,古人所谓邪有余不若正之不足者是也。"可见,足球运动的教育价值在其发展初期就得到了人们的认同和重视。当今,许多校园足球特色学校把"踢好球,做好人"作为发展校园足球的口号,同样反映了人们对"足球是教育"这一观念的赞同和践行。

足球运动的教育价值具体表现在以下四个方面。第一,比赛是足球运动的最高境界和灵魂所在,比赛双方为了取得胜利而顽强拼搏,这可以培养人们积极进取、不畏困难的精神。第二,足球运动属于集体性球类项目,比赛中的进攻和防守,都要依赖全体队员的密切配合,单靠一个人的单打独斗很难取得比赛胜利,这有利于培养人的团队精神与合作能力。第三,足球比赛竞争激烈、身体对抗强度很高,双方队员都必须在规则的约束下展开公平竞争,这要求足球运动员必须具有遵守规则、尊重对手、尊重观众的行为规范,必须诚实守信而不能任意妄为,这在无形中对人的规则意识和遵纪守法的道德意识产生积极影响。第四,足球比赛会有胜负之分,胜负之分必然引发参赛队员强烈的情绪体验,于是,怎样理性地欢庆胜利和表达成功的喜悦,怎样调适失败的沮丧和受挫的焦虑,这又对人的情绪调控和抗挫能力提出了要求,有助于提高人的精神韧性,增强集体荣誉感和自豪感。

综上所述,通过学练足球技能和参加足球比赛所形成的积极进取、勇于拼搏、团队合作、遵守规则、尊重裁判、尊重对手、诚实守信、责任担当以及正确对待比赛结果等良好的体育品德和心理品质,可以迁移到学生的知识学习和未来工作之中,为健全人格、健康生活、身心和谐、全面发展发挥积极作用。

有位学生以自己的亲身经历向母校描述了他对足球教育价值的感受,他的名字叫李向阳。李向阳是开封高中的毕业生,后获博士学位,他在给母校的信中写道:"体育课是我最喜欢的科目之一,对我来说,体育教学的影响不亚于智育和德育。我最喜爱足球,在母校的三年时间中,踢足球不但使我掌握了足球

技巧,还培养了我坚毅的品质和团队合作精神。在美留学期间,不管走到哪里,我都能通过足球认识新的朋友。"

足球教育和一般教育手段不同的是,足球教育是通过人的身体运动而进行的教育,其教育价值是由运动项目特征和比赛特定要求所决定的,是一种渗透在人的运动行为之中的教育,具有强烈的具身性,属于身体的记忆,因此能够达到无声胜有声的教育效果,而这种教育形式往往更能产生独特、深远的教育效果。

(二) 足球是文化

"足球是文化"这一口号强调了足球在社会和校园文化中的重要性和影响力,让人们更加深刻地理解足球运动的文化价值及意义。

足球不仅仅是一项球类运动,更是一种涉及多个领域,拥有丰富内涵和多元价值的文化现象。通过深度参与足球运动,人们可以形成许多重要的价值观念、行为方式、情感体验和审美情趣,这些文化熏陶对于个人的成长和发展是非常重要和有益的。

人类文明的发展不断推动文化的繁荣与进步,而文化的繁荣与进步也为人类文明提供了重要支撑和发展动力。如果把文化理解为社会大部分成员共享的行为方式和价值观念,那么足球运动在许多足球运动水平较高的国家已经毫无疑问地成为一种主流的社会文化现象,成为人类文明的象征。

著名作家史铁生曾说:"如果我是外星人,我选择足球来了解地球的人类。如果我从天外来,我最先要去看看足球,它浓缩着地上人间的所有消息。"在史铁生看来,足球运动凝聚着人类的文化密码。

随着社会进步、体育发展和文化交流,足球运动在世界各地开始享有广泛的影响力和普及性,已经发展成一种跨越国界、语言的人类共有的文化符号和身心体验。足球运动深入人心,踢足球、看足球、议足球成为人们深植内心、无须提醒的行为方式,并对人的生活、休闲、娱乐、社交、锻炼方式等产生重大影响,这是对"足球是文化"这一口号的最好诠释。

足球文化具有独特、积极的内涵和价值。参与足球运动,可以传播和弘扬积极进取、团队协作、公平竞争、遵守规则等价值观念,养成健康的生活方式和良好的行为习惯,对人们的身心健康和社会交往等产生积极而有益的影响。通过观赏足球比赛和学练足球技能,人们可以了解不同国家的文化、传统和价值观,从而增进不同文化的相互交流和融会贯通。

形成良好的足球文化氛围是发展青少年足球运动和提高校园足球发展水平的重要基础,只有当足球成为社会的普遍文化现象,才能使足球运动更加深入人心,影响和转变人们对足球运动的认知与态度,才能让更多的人愿意踢球、看足球、议足球、爱足球。也只有当足球成为一种文化,即成为人们的行为习惯和价值观念,足球运动才会拥有更广泛的发展基础和文化底蕴。

足球文化是可以通过培育和积淀而发展壮大的,现在的在校学生都将成长为未来的社会成员,担当未来社会发展的重任,从这一视角看,有意识地培育和积淀校园足球文化,营造浓郁的校园足球文化氛围,让更多的在校学生接受足球文化的熏陶,掌握基本的足球知识与技能,是提升足球发展潜力的无形力量和坚实基础。校园足球工作者还必须清醒地认识到,校园足球文化的建设可能不会像抓训练、搞竞赛那样在短期内见效。足球文化的形成绝非一朝一夕的事情,足球文化建设也不是喊两句口号就能完成的任务,它应该是一项坚持不懈、持续推进的长期工程。因此,习近平总书记强调:"发展振兴足球事业关键是把路子走对,长期努力,久久为功,注重打好群众基础、夯实人才根基,从娃娃抓起,从基层抓起,从基础抓起,从群众性参与抓起。"只有经过长期的足球文化培育和积淀,足球运动的育人价值和社会意义才能转化为个体的主观意识和自觉行为,足球运动的发展才会拥有最可靠、最强大的精神支撑。

(三) 足球是生活

"足球是生活"这一口号强调了足球运动与人们生活的相互交融,反映了足球运动对人们的社交、娱乐、休闲、情感等社会生活方式产生的积极影响。人们通过参与足球运动,可以扩大社交、结交朋友、锻炼身体、释放压力、娱乐身心,享受足球运动给生活带来的快乐和激情。

文化和生活有着密不可分的关系,如果足球是文化,那么它就一定会融入

并影响人类的生活。文化反映了人们的价值观念,塑造了人类的生活方式和行为习惯,同时也体现了人类对世界的认识和思考,对人类的思想观念、道德伦理等产生深远的影响。当然,生活也会反过来影响文化的形成与发展。随着生产方式的改变和生活水平的提高,人们的思想观念、行为习惯和生活方式等也会随之改变,进而推动文化的演变和发展。因此,文化和生活存在相互依存、相互影响的关系,文化是生活的反映和升华,生活是文化的源泉和动力。

一个小学生在作文中生动地描写了他们课余生活中的足球:"……球门是用书包堆起来的,白线是自己喷的,虽然球场十分简陋,但大家仍然玩得那么开心。蓝方的防守队员都盯着自己要防的人,而在最底线的守门员,是最专注的。他目不转睛地盯着球,生怕自己一不小心就会让对方把球踢进球门……蓝方的前锋开始带球过人了,只见他一个假动作晃开了防守队员,然后用脚尖一挑,把球送进了球门。在场的所有人都欢呼起来,不停地拍手叫好……足球,它让我们的身体更健康,也让我们的生活更美好。"

现实生活中,许多足球爱好者把踢足球和看足球比赛视为生活不可或缺的组成部分,他们会在闲暇时间相聚在一起,踢一场或看一场足球比赛,讨论足球战术、评论足球队伍等。

何塞·穆里尼奥在为《为什么是足球?》一书所写的推荐序中非常形象地表达了足球作为生活方式的场景:"无论怎么说,所有人都知道足球,所有人都在谈论足球,世界各地的人都用足球来交流。在每一个学校的运动场上,孩子们都觉得自己就是世界上最好的足球运动员。一到周末,大人们依然自比各路球星。坐在电视机前,球迷们各有各的立场;坐在长凳上,他们都能'指点江山';躺在扶手椅里,他们都觉得自己堪比教练。"

在我国足球之乡广东梅州,踢足球、看足球、议足球已成为当地人的生活方式和一种深植内心的文化符号。在梅州,无论城市还是乡村,都可以看到人们踢足球的身影,连街道上的交通隔离墩都被设计成了足球形象。足球已经成为梅州人生活中不可或缺的组成部分,由此可见梅州足球文化氛围之浓厚。这种足球文化氛围为梅州足球的发展提供了肥沃的土壤和成长环境,也正是由于足球文化的长期滋养,这个地区出现世界级球王也就不足为奇了。

在一些足球运动水平较高的国家,生活中处处弥漫着浓郁的足球文化气息。人们把观看足球比赛当作生活中的一件大事。观看一场高水平的足球比赛,就像是欢度一个盛大的节日。当自己关注和热爱的球队获胜时,往往会产生极度狂热和兴奋的情绪体验。和好友或家人一起观看足球比赛、议论足球,为精彩的场面和比赛的胜负而激动,已成为人们生活中习以为常的活动。人们从足球运动中尽情享受生活的快乐和激情,就像乌拉圭作家爱德华多·加莱亚诺在《足球往事:那些阳光与阴影下的美丽和忧伤》一书中所描写的那样:"我们胜利,我们失败,无论是赢是输,我们都很快活。"可以说,足球运动融入现代人类生活,是现代社会健康生活方式的象征,是体育运动和人类生活相互交融的表现,也是社会文明进步的重要特征,更是建设体育强国的重要标志。

综上所述,足球既是一个竞技运动项目,又是教育、文化和生活的组成部分和综合体现,还是一种融教育价值、文化特性和生活方式于一体的体育运动。通过关注足球、学练足球、观赏足球、参与足球比赛等活动,人们可以领悟和接受到许多重要的价值观念,养成良好的道德品质与行为规范,同时也可以体验到现代体育文化的趣味性和多样性。

四、加强校园足球文化建设的意义和要求

(一) 加强校园足球文化建设的重要意义

从学校实际出发,根据校园足球的性质、目标定位和特点,加强校园足球文化建设,组织开展校园足球文化活动,对于全面落实党的教育方针,实现《中国足球改革发展总体方案》提出的发展目标和《中国足球中长期发展规划(2016—2050年)》提出的重点任务,营造校园足球文化氛围,促进学生健康和谐发展,提升学校体育工作整体发展水平具有不可替代的作用和非常深远的意义。

1. 立德树人

足球运动具有重要而独特的育人价值,是立德树人的重要途径。加强校园足球文化建设,有利于塑造学生积极向上的精神面貌,磨炼坚毅的意志品质;有

利于学生团队精神和协作意识的养成;有利于培养学生良好的文明礼仪习惯,构建和谐校园。足球文化所强调的公平、诚信、坚韧、拼搏等优良品质,也有助于塑造和健全学生的人格。总之,加强校园足球文化建设,开展丰富多彩的足球文化活动,对于落实立德树人的根本任务具有积极作用。

2. 培育文化

加强校园足球文化建设,有利于校园文化和班级文化建设,增强校园足球的参与度和影响力,为校园足球的发展夯实根基。校园足球文化是体育文化和校园文化的重要组成部分,也是社会足球文化的基础。加强校园足球文化建设,可以促进校园文化的健康发展,培养学生的体育核心素养。同时,通过组织多种形式的足球文化活动,可以深化学生对足球运动的认知与理解,形成浓厚的校园足球文化氛围,为培育足球文化,振兴中国足球奠定深厚的基础。

3. 启智增慧

加强校园足球文化建设,有利于引导学生运用跨学科知识技能解决问题,具有特殊的启智增慧的功能。如各种足球游戏要求参与者综合利用视觉、听觉、触觉和本体感觉,对瞬息万变的对抗形势以及人和球的快速运动做出分析判断,并在短时间内完成动作,可以提高大脑的反应速度和思维敏捷性,提高人的观察能力和时空感知能力。通过参与多样化、跨学科的足球文化活动,学生可以有效提高记忆力、观察力和判断力,提高综合运用跨学科知识解决实际问题的能力,这些能力对于他们的学习和发展都有很大的帮助。

4. 陶冶情操

加强校园足球文化建设为学生提供了拓展和运用知识、展现自我的平台,可以提高学生对体育运动特别是足球运动的观赏评价能力以及对足球运动的审美水平,在兼具知识性和趣味性的足球文化活动中陶冶情操,享受乐趣,愉悦心情,强化动机。经常参与校园足球文化活动,还可以提高心理品质,提高应对压力、抗受挫折的能力和养成积极进取、勇于挑战的精神。

5. 激发活力

学校开展以足球为主题的系列文化活动,可以激发广大学生对足球运动的兴趣,让足球不再是一项简单的运动,而是一种体育精神的追求和体育文化的彰显。通过组织各种形式的足球文化活动，可以激发学生的生命活力和参与足球运动的激情，丰富学生的课余生活，增强校园的凝聚力，让校园充满生命活力，促进校园和谐发展。

综上所述，加强校园足球文化建设在立德树人、培育文化、启智增慧、陶冶情操、激发活力等方面都具有重要而深远的意义。因此，我们应该积极行动起来，大力加强校园足球文化建设，推动多样化校园足球活动的广泛开展，为学生提供一个更加健康、快乐、有意义的校园空间和成长环境，为振兴中国足球运动营造文化氛围，夯实文化基础。

（二）加强校园足球文化建设的基本要求

2015年7月，教育部等六部门联合印发了《关于加快发展青少年校园足球的实施意见》（教体艺〔2015〕6号）。文件提出："培育文化巩固普及。把开展竞赛、游戏等形式多样的足球活动作为校园文化建设的重要内容，让足球运动融入学生生活、扎根校园。大力发展学生足球社团。鼓励学校充分利用互联网和新媒体搭建信息平台，报道足球活动、交流工作经验、展示特色成果，营造有利于青少年校园足球发展的良好文化氛围。"

2024年初，教育部等七部门联合印发了《关于加强和改进新时代青少年校园足球工作的实施意见》。文件在第十三条"注重校园足球文化建设"中明确要求："举办丰富多彩的校园足球文化活动。鼓励各地积极开展校园足球运动会、文化节、展览展示、研讨论坛、文艺创作等特色活动，促进校园足球文化建设与中华优秀传统文化深度融合，展示地区和民族特色，打造校园足球文化名片。持续开展全国青少年校园足球夏令营活动，鼓励各省、市、区积极开展具有地域特色的校园足球夏令营活动。"

无论是2015年的《关于加快发展青少年校园足球的实施意见》还是2024年的《关于加强和改进新时代青少年校园足球工作的实施意见》，都是国家从战略高度和长远视角出发，对校园足球文化建设提出的任务和要求，表明了足球文化是推动校园足球持续、健康、深入发展的强大动力。同时，这一要求也指明了校园足球文化建设方向，为更加广泛深入地开展丰富多样、生动活泼的校园

足球文化活动提供了政策支持。

2015年,河南省教育厅等六部门在《关于加快发展河南省校园足球的实施办法》(教体卫艺〔2015〕932号)中指出:"把开展竞赛、游戏等形式多样的足球活动作为校园文化建设的重要内容,让足球运动融入学生生活、扎根校园。大力发展学生足球社团。鼓励学校充分利用互联网和新媒体搭建信息平台,报道足球活动、交流工作经验、展示特色成果,营造有利于青少年校园足球发展的良好文化氛围。"

2015年,河南省教育厅还印发了《河南省校园足球行动计划》(教体卫艺〔2015〕164号)和《河南省校园足球特色学校基本要求》(教体卫艺〔2015〕483号)。

《河南省校园足球行动计划》提出,校园足球特色学校要勇于改革创新,丰富校园足球的活动内容和形式,营造浓厚的校园足球文化氛围,吸引广大学生参与足球运动,使踢足球成为学生享受运动愉悦和陶冶情操、增强意志的重要途径。

根据"育人为本,普及为重;面向全体,广泛参与;夯实基础,逐步提高"的校园足球指导思想,《河南省校园足球特色学校基本要求》(以下简称《基本要求》)对校园足球特色学校的工作提出了明确具体的要求。《基本要求》共有10条,分别对足球课、足球大课间、足球班级联赛、足球文化节、足球场地、师资配备、足球队建设等工作做出具体规定。《基本要求》明确提出,校园足球特色学校要坚持每周一节足球课,每天一次足球大课间,每年组织一次校内班级足球联赛。关于校园足球文化建设的内容出现在第七条,具体要求是:"发挥校园足球的育人功能,营造校园足球文化氛围,学校要注重体育校园文化建设,每年要组织开展一次包含足球嘉年华、摄影、绘画、征文、演讲、游戏等内容的校园足球文化节。"

每年举办一次校园足球文化节,或者坚持经常开展夏令营、展览展示、研讨论坛、文艺创作等丰富多彩的足球文化活动,是校园足球文化活动的具体形式和集中展现,是培育和积淀校园足球文化,营造浓郁的校园足球文化氛围的有效手段,也是国家对校园足球特色学校的明确要求。加强校园足球文化建设,应把组织班级联赛和举办校园足球文化节作为切入点和着力点,抓住有利时机,积极开展活动,有助于取得更好的文化培育效果。而是否举办校园足球文化节以及开展足球文化活动的质量和效果如何,应成为衡量校园足球普及程度和特色学校发展水平的重要标志。

五、校园足球文化活动的类型、特点与示例

《中国足球中长期发展规划》指出:"开展以强身健体和快乐参与为导向的校园足球比赛。以增强学生体质和意志品质、普及足球知识和技能、培养足球兴趣爱好为目的,举办多种形式的校园足球活动。"中华人民共和国教育部等七部门联合下发的《关于加强和改进新时代青少年校园足球工作的实施意见》中,明确把校园足球运动会、文化节、展览展示、研讨论坛、文艺创作等特色活动作为校园足球文化活动的示例,强调要促进校园足球文化建设与中华优秀传统文化的深度融合,彰显地区和民族特色,打造校园足球文化名片。

开展生动活泼的多样化校园足球活动,可以更好地发挥不同足球活动特有的教育价值和文化培育作用。设计与实施校园足球文化活动也同样如此。第一,内容丰富、形式多样的校园足球文化活动,可以为学生提供参与活动的选择空间,满足学生的不同兴趣爱好。第二,不同类型的校园足球文化活动需要不同的知识和技能,这将有助于促进学生的跨学科学习,提高综合运用跨学科知识解决问题的能力。第三,多样化、跨学科的校园足球文化活动有利于学生找到自己感兴趣的活动内容,从而提高活动的参与度和影响力。总之,积极开展多样化的校园足球文化活动,有助于丰富学生的校园文化生活,提升学生的综合素养,同时也有助于彰显和提升校园足球文化的影响力。

根据校园足球文化活动的内容、形式及特点,其可大致划分为足球游戏类、知识传播类、艺术创作类、语言表达类、创意设计类以及综合实践类等多种类型。各种类型活动的方法与特点、活动示例、活动建议如下。

(一)足球游戏类活动

1. 方法与特点

足球游戏是足球文化传承的重要载体,能为参与者提供独特的足球文化体验,在推广足球文化方面发挥着重要作用。足球游戏类活动以足球运动为主体内容,以简单易行和充满趣味的运球、踢球、颠球等足球游戏为主要活动形式,为参与者提供轻松愉快的体验足球运动的机会,如射门比准、踩球比快、运球绕障碍、运球接力等。足球游戏类活动非常符合中小学生年龄特点,是足球教学、足球课余训练、足球大课间活动的重要内容之一。

足球游戏类活动与足球技能紧密结合,通过各种类型的足球游戏和游戏性比赛,可有效促进学生对足球技能的熟练运用。在参与游戏的过程中,学生不仅能够巩固并提高自己的足球技能,还能够结交更多的朋友,增强彼此之间的交流和合作。此外,参与和观看足球游戏的过程还可以激发学生对足球运动的兴趣,体验和享受足球运动的乐趣,提高校园足球运动的影响力。通过组织开展足球游戏类活动,可以营造出浓厚的校园足球氛围,让更多的学生了解和热爱足球运动。

足球游戏类活动的特点是对活动的场地、设施、器材等有特定要求,活动的组织管理工作相对比较复杂。因此,在组织足球游戏类活动时,需要提前做好充分的准备工作,确保活动的顺利进行。同时,为了保障活动的安全和质量,还需要对参与者进行基本的足球技能培训和指导。

2. 活动示例:运球接力

接力比赛是一种喜闻乐见的体育游戏形式,很受学生欢迎。运球接力时每个参赛者通过运球行进一段距离并在运球中完成规定的任务,然后把球交给下一位同学依次进行,最后全部参赛者中最先完成任务的小组获胜。组织运球接力比赛时,可根据参赛者实际水平,规定运球的方法、运球的距离以及在运球过程中需要完成的具体任务(如只准左脚运球、左右脚必须交替运球、运球绕过障碍、围绕障碍物运球一周等)。

3. 活动建议

（1）组织运球接力比赛时，首先要求参赛选手具备基本的运球和控球能力，清楚比赛方法和规则。

（2）对于比赛中容易发生的各种违反规则行为，要有预先估计并制订判罚办法，以保证比赛顺利进行。

（3）要保证比赛场地平坦无杂物，赛前组织学生做好充分的准备活动，避免发生运动伤害事故。

4. 知识链接

（1）接力比赛的特点。

接力比赛对于培养集体主义精神、提高团队合作能力有独特的作用。接力比赛一般具有以下特点。

一是集体性。接力比赛需要由若干名选手组成一个团队，每个选手都有自己的角色和任务，只有团队中的每个选手都发挥出自己的最佳水平，才能取得更好的成绩。

二是传递性。接力比赛要求选手们依次传递接力物（如棒、球或其他物体），而且必须按照规定的方法完成传递任务。

三是灵活性。不同的接力比赛中，每个选手必须按要求完成规定的任务，这个任务可以根据选手年龄、比赛特点、场地条件等因素加以灵活规定和调整。

四是观赏性。接力比赛一般具有很强的观赏性，观众可以欣赏选手们在赛道上展现的速度和激情并为之加油鼓劲，比赛场面热烈而紧张。

五是技术性。接力比赛不仅需要参赛选手具备良好的体能，还需要其掌握正确的传递技术和配合方式。

（2）足球运球接力的特点与价值。

足球游戏属于体育游戏的范畴，足球运球接力比赛具有一般接力比赛的共性特点。体育游戏一般都表现出有规则、有竞争、有胜负等基本特点，正是这些特点赋予了体育游戏培养学生积极进取、团结合作、遵守规则、荣辱不惊等教育价值。

(二) 知识传播类活动

1. 方法与特点

知识传播类活动以传播足球知识、增进学生对足球运动的了解为目的,通过口头表达和文字书写等表现形式,为学生提供了解足球知识的平台,激发学生对足球的兴趣。常见的知识传播类活动有足球知识竞赛(包括笔试、现场答题等形式)、足球专题讲座、足球专题展览、足球专题墙报、足球专题影视作品展播等。

知识传播类活动对于拓展学生的足球知识,开阔视野,帮助学生更加深入地认识和理解足球运动具有重要作用,有利于足球文化的广泛传播。通过参加知识传播类活动,学生可以了解足球运动的发展历史、基本规则、技术战术、运动员风采等方面的知识,加深对足球运动的认知和理解。

知识传播类活动的特点是需要根据学生的年龄特点和知识储备情况,事先准备大量与足球运动相关的知识和问题。因此,活动前的准备工作非常重要,需要投入一定的时间和精力。但是,这种活动的学生参与人数可以基本不受限制,便于组织大量学生参加活动,提高活动的参与和普及程度。

2. 活动示例:知识竞猜

每班选出参赛选手若干人,主办方根据比赛规模预先准备好若干关于足球知识的选择题及参考答案。比赛时参赛选手按照规定顺序轮流答题,主持人宣布试题后参赛选手开始答题,待参赛选手回答完毕后,根据参考答案给予参赛选手相应得分(或不得分),最后根据各班参赛选手的得分总和确定获奖名次或等级。

3. 活动建议

(1) 活动前应公布知识竞猜的命题范围,如主要比赛规则、基本技术、阵型和战术、古代足球的起源、重大国际足球赛事等,以方便参赛选手赛前做好知识准备。

(2) 知识竞猜活动应采用选择题(单选或多选)的形式,以方便确定参考答案和赋予得分。主办方要根据比赛规模准备好数量足够、难度适宜的试题,努力做到试题的难度和学生的足球认知水平相适应。

（3）邀请足球知识丰富的体育教师或其他学科教师命题，做好试题的保密工作。邀请有一定主持经验和较强语言表达能力的教师担任知识竞猜活动的主持人。

4. 知识链接

（1）知识竞猜的命题应注意什么。

与足球运动相关的知识非常丰富，足球知识竞猜的命题要充分考虑题目的严谨性和答案的唯一性，题目不能模糊不清，更不能存在歧义，要便于参赛选手的竞猜和主持人判断对错。

有些与足球比赛相关的问题具有一定的趣味性，可激发学生的参与热情和兴趣，命题人应适当考虑这一因素，努力提高题目的趣味性和吸引力。

（2）怎样利用人工智能工具命题。

利用互联网人工智能工具可生成大量的足球知识试题，是一个便捷的命题辅助渠道。命题人可在人工智能工具中输入命题要求，如题目的类型、内容、难度、数量等，人工智能工具就会根据命题要求生成若干题目并附带参考答案。但需要注意的是，命题人必须对人工智能工具生成的试题进行审查、核对与筛选，并根据本校学生年龄特点和知识水平进行适当的调整，不能照搬套用，以防出现差错或试题难度过大等问题。

（三）艺术创作类活动

1. 方法与特点

艺术创作类活动以足球运动为主题，通过不同的艺术手段来展现足球的魅力，传播足球文化。这些艺术手段包括摄影、绘画、书法、歌曲创作、情景剧演出等。

艺术创作类活动为学生提供了一个展示个人艺术才能的平台，让他们能够将自己的才华和创意展现给更多的人。同时，这些活动也能够培养和提高学生的审美情趣，让他们更加关注和欣赏美的事物。

艺术创作类活动的特点是对表现形式有特殊要求，需要学生具备一定的绘

画、摄影、书法、音乐、表演等方面的才艺基础。因此,这些活动能够吸引那些有才华的学生参与,让他们在活动中展现自己的才华和创意,提升自己的技能水平。此外,这些活动还可以利用优秀的获奖作品举办展览,供更多的人欣赏。展览活动不仅可以让更多学生了解足球运动,还能够进一步扩大活动的影响范围,提高活动的校园影响力。

2. 活动示例:光影瞬间

组织以足球运动为主题的摄影比赛,鼓励学生拿起相机或手机,来到绿茵场边,用镜头去定格足球场上的精彩瞬间。比赛要事先规定好对参赛作品的要求,如投稿数量、作品像素、作者信息填写方法等。投稿截止后,主办方邀请有摄影经验的教师担任评委,根据参赛作品质量评选出各等级获奖作品,并在学校宣传栏中展出以扩大影响。

3. 活动建议

(1) 提醒学生预先学习关于摄影的基础知识,了解体育摄影的特点和需要注意的事项,熟悉自己所用相机或手机拍照的基本功能,拍摄前把相机和手机都充足电。

(2) 参赛选手要提前到达赛场,根据自己想拍摄的场景,选择好拍摄位置。一般来说,端线位置便于抓拍门前争抢和射门的瞬间,边线位置便于拍摄宽阔的场景和运动员推进的场面。如果相机配有长焦镜头,则适合抓拍人物特写,如镜头焦距不够长,则适合拍摄宽阔的场景。

(3) 指导参赛选手在拍摄结束后,把照片复制到电脑上逐一查看,选出自己感到满意的作品参赛。如果懂得一些后期的操作,还可以对选出的照片进行简单的后期处理,进一步提高照片的视觉效果。

4. 知识链接

(1) 怎样设置相机快门速度。

体育摄影的特点是拍摄主体多处于运动状态,除非想用模糊的效果来表现运动员的动感或其他特殊效果,一般情况下,应使用相机的快门优先功能,把快门速度设定在 1/1000 秒或者更高,以保证拍摄主体的清晰。如拍摄静态物体,则使用安全快门速度即可(一般把镜头焦距的倒数视为安全快门,如相机镜头的焦距为 50 毫米,则安全快门速度为 1/50 秒)。

(2) 有预判才能抓拍到精彩瞬间。

拍摄运动中的人物要求反应迅速,抓拍果断,对即将发生或可能发生的动作要有预判,以便做好拍摄准备,抓拍到精彩瞬间。当然,只有多看多拍,才会熟能生巧,才会不断提高预判能力。

(3) 手机摄影需要注意什么。

现在许多手机都设置有专业拍照功能,可手动设置快门速度、测光模式等,如果使用手机拍摄,要提前熟悉这些功能设置方法,尤其是要设置好快门速度,以保证在快速运动中拍摄到清晰画面。

(四) 语言表达类活动

1. 方法与特点

语言表达类活动以足球运动为主题,以文学创作为主要表现形式,为学生提供一个展现语言表达能力的平台。语言表达类活动主要包括以足球运动为主题的有奖征文、故事创作、诗歌创作、手抄报比赛、演讲比赛、撰写足球比赛报道等。

语言表达类活动有利于提高学生运用语言文字表达情感、叙事说理的能力。在活动中,学生可以通过创作与足球相关的文学作品,深入了解足球运动的文化内涵和价值,同时也可以增强自己的文学素养和写作能力。

语言表达类活动的特点是与语文学科,尤其是与写作活动紧密融合,具有跨学科的特性。这种特性使语言表达类活动可以吸引全校学生广泛参与,让他们在活动中展示自己的文学才华,提升自己的语文素养和写作水平。在参赛作品的评审过程中,需要语文教师或文学功底扎实的教师参与其中,以保证活动评审工作的公平性和权威性。同时,对于获奖作品的展示和推广,有利于进一步激发学生对文学创作的热情和兴趣。

2. 活动示例:赛事采访

利用校园足球班级联赛的机会,组织学生观看足球比赛,然后根据情况选择合适的运动员、教练员或者班主任进行采访,根据采访结果写一篇简明扼要

的关于校园足球班级联赛的新闻报道。最后请语文老师对报道进行分析点评或评选出获奖作品。

3. 活动建议

（1）事先准备好采访需要的用品，如钢笔、记事本、相机（或手机）等，了解清楚要采访的足球比赛的时间、地点、双方队伍、班主任、教练等信息。

（2）提前到达比赛场地，选好观看位置，认真观察比赛，记录下比赛的精彩场面、比赛结果等。

（3）比赛结束后，找到双方队长、班主任、教练或进球的运动员等进行现场采访，向他们提出事先准备好的问题，并做好采访记录。

（4）对观赛和采访获得的信息进行加工整理，从中提取真实、重要、新鲜、有趣的内容，写一篇短小精悍的新闻报道，再配上一两张照片，使报道更加生动、直观。

4. 知识链接

（1）新闻报道有何特点。

新闻报道就是对新近发生的事实的报道。当报道者对客观事实进行了主观传播之后，客观事实就成为新闻。新闻报道十分讲究用事实说话，具有真实性、准确性、简明性和及时性等特点。

（2）什么是"倒金字塔结构"。

新闻报道常采用"倒金字塔结构"的写法，即按照新闻事实的重要程度、新鲜程度、读者关心程度等依次递减的次序，把最重要的内容写在前面，然后按照重要程度依次写下去。由于这种写法的结构特点是前重后轻，上大下小，所以被称为"倒金字塔结构"。

（五）创意设计类活动

1. 方法与特点

创意设计类活动以足球运动为主题，以发挥学生聪明才智的各种创意设计为表现形式，为校园足球文化建设增添了丰富的内容。创意设计类活动主要包括班级或学校足球队的口号设计、队徽设计、队名设计、赛事海报设计、主题网页设计等。

创意设计类活动对于培养学生的创新思维和创造能力有很大的帮助,能够提高学生综合运用跨学科知识技能解决实际问题的能力。在参与创意设计类活动的过程中,学生需要运用自己的创意和想象力,将足球运动与设计元素相结合,创作出具有独特魅力的作品。

创意设计类活动的特点是没有参与门槛,所有学生都可以出谋划策,积极参与、交流互动。这类活动重在过程,有利于激发学生的创造力和培养团队合作精神,让他们在创意设计中发挥自己的特长和优势。另外,创意设计类活动的评审工作,需要专业教师的参与和配合。评审教师需要对参赛作品的设计理念、创意、实用性等方面进行综合评估,确保评审工作的公正性和权威性。同时,评审结果也可以为学生提供宝贵的反馈和建议,帮助他们进一步提高自己的设计水平。

2. 活动示例:队徽设计

首先为自己班级的足球队起个队名,然后号召学生根据队名的含义及特点,发挥各自的智慧和才能,为班级足球队设计一个有文有图、漂亮醒目的队徽。鼓励学生不管有没有美术方面的天赋或才能,只要开动脑筋动手设计,就一定会有所收获、有所贡献。

3. 活动建议

(1)教师或班长要提前一到两周发出征集班级足球队队徽的通知,号召学生积极行动起来,参与队徽设计活动。

(2)每个学生要充分发挥想象力,拿出有创意的设计方案。学生在设计队徽时,首先要考虑用什么字体、图形和颜色,图形要表达什么意思等。有了初步想法之后,就可以动手画出队徽的草图了。画出草图之后,要反复修改,直到自己满意为止。

(3)每个学生的队徽草图完成之后,请美术教师和班主任帮助审核,从中选出最佳方案,并提出修改意见,然后请擅长美术的学生根据大家提出的修改意见,完成队徽的最后定稿。

4. 知识链接

（1）什么是队徽。

队徽一般指团队或组织的徽章标志。球队队徽是为了表明一个球队的精神追求而专门设计的图形，队徽表达的内容应具有鲜明特色并且独一无二。

球队队徽是球队的身份象征，是一个球队区别其他球队的图文标记，也是一个球队的名片，可以用在服装、队旗等处。一个好的球队队徽会给人留下深刻印象，从而提高球队的知名度和影响力。

（2）队徽有哪些表现形式。

队徽的表现形式有多种：一是具象的表现形式，如运动的人体、动物、植物等构成的图形；二是抽象的表现形式，如圆形、方形、三角形、多边形等构成的图形；三是文字表现形式，如汉字、汉语拼音、阿拉伯数字、英文字母等构成的图形。不同的表现形式可以综合运用，以达到更好的设计效果。

（六）综合实践类活动

1. 方法与特点

综合实践类活动以校园足球班级联赛为契机，把多种足球文化活动形式有机融合在一起，围绕班级联赛开展多样化、跨学科的文化实践活动。综合实践类活动具有参与人数多、活动内容广、形式多样化、涉及学科多等特点，有利于营造浓郁的校园足球文化氛围，增添校园足球活力，还能提高学生综合运用跨学科知识技能解决问题的能力。

2. 活动示例：全明星班级联赛

把校园足球班级联赛打造成全明星班级联赛，是最能体现综合实践类活动特点和价值的方式。其具体做法是，在校园足球班级联赛期间，以班级为单位，由班主任负责，根据班级学生人数，围绕班级联赛组织开展"小记者"采访、撰写新闻报道、啦啦操表演、比赛观后感征文、诗词创作、啦啦队现场助威、"精彩瞬间"摄影比赛、比赛现场解说、标语口号设计等多样化、跨学科的足球文化实践活动，发动全班同学根据个人特长和兴趣爱好，积极报名参加活动，成为班级联赛期间的小记者、小摄影师、小解说员、小啦啦队员、小设计师、小作家等不同角色,形成全员参与足球赛,人人都是小明星的生动局面。

3. 活动建议

(1) 班主任要根据学生的报名情况,在尊重学生个人意愿的前提下,对角色分工进行适当调整,确定每种角色的参与人数,尽量保证每个学生都有机会参加活动。

(2) 教师要对各种活动角色的任务进行针对性的前期指导,使每个学生都能明白自己的任务和要求,学习了解并掌握相关的学科知识与技能,做好各项前期准备工作,以达到更好的活动效果。

(3) 如果某一项活动的报名参与人数较多,教师可把参加此项活动的学生编成一个小组,如采访小组、摄影小组、啦啦操小组等,并指定一位学生担任该项活动的小组长,负责安排或协调活动中的具体事宜,小组长遇到问题应及时向教师汇报以征求解决办法。

六、 开展校园足球文化活动的意义

对于校园足球文化活动的认识,除了要明确校园足球文化活动是什么,即校园足球文化活动的范畴和类别,还要深刻理解校园足球文化活动的意义及其重要性。

各层级的足球比赛是足球文化建设的组成部分。校园足球比赛活动除了校内班级联赛、校际联赛外,还有省、市及全国联赛的学生可以直接参与进行同场竞技的足球活动。围绕校园足球活动组织相关讲座、普及相关理念及学习培训,例如组织校园足球运动员进行《足球裁判法》的学习、通过跨国文化交流普及足球运动水平较高的国家的理念与发展思路等,也是校园足球文化活动的有机构成方式。通过多种形式开展足球文化主题活动是校园足球文化建设的重点内容。学校为满足不同形式足球文化活动,加强校园足球相关设备、器材、场地设施等硬件建设,也以物质文化的形式构成足球文化活动的重要组成部分。

参与校园足球文化活动,能够积极促进学生身体健康发育,有效改善学生心理健康状况:在足球比赛和文化活动中提升学生速度、力量、耐力、灵敏度、协

调度等身体素质,养成终身受益的运动习惯;帮助学生释放生活和学习压力,有效调节不良情绪,在奔跑和挥洒汗水的过程中放松身心;在胜利与失败的循环中培养学生坚韧不拔的意志品质,提升其自信心;在与同伴共同拼搏、密切配合和相互协作中培养团队合作精神,使校园足球文化活动成为学校教育教学工作的有益补充。

体育是最好的教育,校园足球文化活动作为学校体育的重要内容之一,同样承担着以体育人的职责。校园足球文化活动不但可以丰富校园文化生活,为学生提供多种多样的课余活动选择,而且在活动组织过程中培养了学生的领导能力和创新能力;校园足球文化活动在发掘培养天赋运动员的同时可进一步加大足球的普及程度——学校内开展足球文化活动主要围绕普及与提升两个方面,以足球竞技水平提升为动力,推进足球的广泛普及,从而培育肥沃的足球文化土壤。

七、校园足球文化活动的设计原则与方案制订

"凡事预则立,不预则废。"要想顺利开展校园足球文化活动并取得良好的活动效果,必须从学校和学生实际出发,预先对活动进行合理的设计和充分的前期准备,这样可以确保活动所需的场地、器材、人员等得到妥善安排,避免在活动过程中出现混乱或意外情况;可以确保活动内容与形式能够更好地吸引学生参与,提高活动质量和教育效果;可以确保活动的各个环节之间有机衔接,增强活动的连贯性和整体性,避免出现脱节或重复等现象,使活动得以顺利进行并圆满成功。

(一) 校园足球文化活动的设计原则

校园足球文化活动是学校教育的组成部分,设计与开展校园足球文化活动,应立足于立德树人和活动育人,着眼于寓教于乐、简便易行、面向全体、重在参与。一般来说,设计校园足球文化活动应遵循以下基本原则。

1. 教育性原则

教育性原则是指设计校园足球文化活动时,应该将校园足球文化活动作为一种特殊的教育手段,通过开展文化活动立德树人,发展学生核心素养,促进学生全面发展。教育性原则具体体现在以下三个方面。

(1) 校园足球文化活动应有利于培养学生正确的价值观念、必备品格和关键能力,如积极进取、勇敢拼搏、团队合作、遵守规则、诚实守信、责任担当、荣辱不惊等,通过开展文化活动立德树人,促进学生健康成长。

(2) 校园足球文化活动应包含与足球运动相关的内容,如足球技术、足球规则、足球历史等,通过开展文化活动拓展学生关于足球运动的知识面,深化他们对足球运动的认知和理解。

(3) 校园足球文化活动可以采用跨学科方式进行,将活动内容与英语、数学、物理、艺术、劳动等学科的知识与技能有机结合,让学生在参与足球文化活动的同时,提升综合运用跨学科知识解决现实问题的能力,促进学生的全面发展。

2. 全员性原则

全员性原则是指要确保所有学生都能参与到校园足球文化活动中,不论其技术、性别、年龄或体能水平如何,都享有平等参与活动的机会和权利。全员性原则具体体现在以下四个方面。

(1) 设计校园足球文化活动时,要确保所有学生都有平等的参与机会。不应该因为学生的技术水平低或其他因素而将他们排除在外。活动组织者可以设立不同的活动级别或组别,让学生根据自己的兴趣和能力选择适合自己的活动。

(2) 设计和组织校园足球文化活动时,应该采取多种多样的活动形式,以满足不同学生的需求和兴趣。如足球智力游戏、足球知识竞赛、手抄报设计、征文大赛、摄影比赛等,让学生能够根据自己的兴趣爱好和能力选择适合自己的活动。

(3) 校园足球文化活动的设计应注重团队合作。团队活动不但有利于更多的学生集体参与,还可以培养学生的团队合作精神及其能力,如以小组或班级为单位的各种竞赛、自由结合组成团队的各种活动等。

（4）设计足球文化活动时，要鼓励学生之间的相互包容和尊重，不得歧视或排挤技术水平较低的同学。不论学生的技术水平如何，都有参加活动和享受乐趣的权利与机会。

3. 趣味性原则

趣味性原则是指设计校园足球文化活动时，不能把足球文化活动办成单纯的思想教育或枯燥的知识传授，而是要注重活动内容、形式与学生的年龄特点相符合，这样有利于激发学生参与活动的兴趣，让学生在活动中感受到快乐和愉悦。趣味性原则具体体现在以下六个方面。

（1）设计有趣的活动形式与内容。设计足球文化活动时，要尝试创造新颖有趣的活动形式，可以把足球运动和其他学科元素有机结合，如物理、历史、音乐、舞蹈、绘画等，设计出新颖独特并充满乐趣的足球文化活动。

（2）尊重学生兴趣的倾向性。设计足球文化活动时，要考虑和尊重学生兴趣的倾向性，根据学生天生好奇、喜欢求异、乐于探索的心理特点，选择符合他们年龄特点的活动形式和内容，提高学生参与活动的积极性。

（3）创设愉悦的身心体验机会。在设计足球文化活动时，要考虑学生的身心体验，确保他们能够享受活动过程及其结果。如可以在活动中设置奖励机制或展示机会，鼓励学生积极参与并获得成就感，为学生创设愉悦的身心体验机会。

（4）注重游戏化的设计。将足球文化活动设计得具有游戏性，可以增强趣味性和参与度。如融入竞赛、积分、排名等元素，让学生在活动中体验到竞争性和成就感，激发学生的求知欲和探索欲，使活动更加具有吸引力。

（5）营造轻松的活动氛围。足球文化活动应该注重营造轻松愉悦的活动氛围，让学生感到放松和快乐。如通过动感音乐、幽默小品、互动游戏等方式，营造欢乐的氛围，让学生在足球文化活动中享受到人际交往的乐趣。

（6）鼓励创新和个性表达。足球文化活动应该给予学生发挥创造力和个性表达的空间。如让学生设计自己的足球队服、队旗、队徽、口号等，以展示个性和团队特色。还可以鼓励学生提出足球文化活动创意，促进他们创新思维能力的发展。

4．创新性原则

创新性原则是指设计校园足球文化活动时要鼓励和提倡新颖、独特、富有创意的思维和方法，以激发学生参与文化活动的兴趣和热情，推动校园足球文化的可持续发展和不断进步，培养学生的创新思维和创造能力。创新性原则具体体现在以下三个方面。

（1）创新活动主题。设计新颖、有趣、富有挑战性的主题和内容，比如"足球与科技""足球与艺术"等跨学科的主题，充分挖掘足球文化中蕴含的跨学科内容，激发学生的创新思维和创造能力。

（2）创新活动形式。可以尝试一些新颖的活动形式，比如线上足球知识竞赛、足球知识抢答、虚拟足球体验等，这些都有利于打破传统的活动形式，引起学生的兴趣。

（3）创新参与方式。鼓励学生以小组或班级等团队形式集体参与文化活动，通过互帮互助、共同研究、团队合作等方式，培养学生的创新能力和团队合作精神。

（二）校园足球文化活动的方案制订

设计是对未来活动的预先筹划，是大脑对将要从事的活动做出合理预期及筹划的思维活动。要将这种预先筹划的校园足球文化活动转化为现实的活动，需要制订详细且切实可行的活动方案。活动方案是为了保证活动顺利进行而制订的书面计划，是活动设计结果的文字呈现。通常，活动方案需要对活动的目的、意义、主题、时间、地点、内容、方法、形式、评审、宣传和经费等做出明确、具体的安排，提出详细的要求。这些活动细节的安排和要求，有利于活动顺利进行并达到预期效果。

1．为什么要预先制订活动方案

在开展活动之前预先制订活动方案，具有以下五点作用。

（1）有利于明确目标。通过预先制订活动方案，可以明确活动的目标和宗旨，确保活动的方向和目的与预期一致。

（2）有利于规划资源。预先制订活动方案可以提前规划好人力、物力、财力等资源，确保活动的顺利进行，同时避免资源的浪费和不必要的成本支出。

（3）有利于协同配合。预先制订活动方案可以提前安排好各项任务和人员分工，明确各部门的职责和协同配合要求，确保活动的顺利进行。

（4）有利于宣传推广。预先制订活动方案可以提前做好宣传和推广工作，吸引更多的参与者，提高活动的知名度和影响力。

（5）有利于风险控制。预先制订活动方案可以提前预测和评估活动中可能出现的风险和问题，并做好相应的应对措施，有效控制风险。

总之，预先制订活动方案有利于提高活动的成功率和影响力，增强活动效果，是开展活动前必须要完成的一项重要工作。

2．活动方案应包括哪些内容

以校园足球文化节为例，一个完整的校园足球文化活动方案应包括以下内容。

（1）校园足球文化活动的名称。

方案应明确显示本次活动的名称。

例如：××学校××年度校园足球文化节活动方案。

（2）活动的目的、意义及主题。

方案应简单概括举办本次活动的目的、意义以及主题。关于活动目的、意义的表述应简明扼要，关于活动主题的表述应该简明、生动，富有号召力和鼓动性，能够吸引学生的参与和关注。例如"魅力足球，活力校园"这个主题，既突出了足球运动的魅力，又强调了校园的活力，能够很好地激发学生的兴趣和热情；"我参与，我成长"这个主题，则强调了参与的重要性，让学生感受到通过参与活动，能够实现自我成长和进步。因此，在制订活动方案时，要注重选择合适的主题，以更好地吸引学生的关注和参与。

（3）活动起止时间与地点。

方案应明确规定本次活动的总体起止时间和每一项具体活动的时间与地点。起止时间和地点的安排应根据活动目的、活动主题、学校总体工作安排和场地条件等因素综合考虑。一般情况下，校园足球文化活动可以以足球文化节的形式单独安排,也可以安排在校园足球班级联赛期间,与班级联赛同时进行。这样安排可能工作会有些紧张与繁忙,但是活动的宣传效果和影响力会大大提高。

(4)活动内容及参与方式。

活动内容及参与方式是活动方案的核心部分,对于活动的顺利进行和目标的达成至关重要。因此,在制订活动方案时,需要按照活动的不同类型、规模大小、重要程度等因素进行逐项详细安排。

第一,活动内容需要根据活动的类型和顺序进行逐项表述。不同类型的活动有不同的内容和要求,因此需要针对每种活动进行具体的描述和安排。例如,如果是知识传播类活动,需要明确活动的主题、目的、形式、时间、地点等;如果是创意设计类活动,需要明确设计内容、基本要求、评审标准、时间安排等。

第二,每项活动都应准确交代活动的具体内容、方法、形式、要求、报名人数、报名资格、表彰奖励办法等事项。这些信息的明确对于活动的顺利进行和参与者的权益保障至关重要。例如,需要明确活动的具体内容和方法,让参与者了解活动的具体要求和流程;需要明确报名人数和报名资格,确保活动的公平性和参与者的质量;需要明确表彰奖励办法,激励参与者积极参与并取得优异成绩。

第三,对于每项活动的具体时间、地点等事项也需要进行明确的安排和表述。这有助于确保活动的顺利进行和参与者的顺利参与。同时,需要根据实际情况对活动时间、地点等进行合理的安排,以确保活动的顺利进行和参与者的便利参与。

总之,活动内容与参与方式是活动方案的重点内容,需要按照活动的不同类型、规模大小、重要程度等因素进行逐项详细安排。只有这样,才能确保活动的顺利进行和目标的达成,为参与者提供一个良好的参与体验。

(5)活动的宣传与推广。

为了确保校园足球文化活动的成功举办并吸引更多的参与者,学校需要采取一系列有效的宣传措施,以提高活动的影响力和知名度。常见的宣传措施如:在学校的公共场所、食堂、教学楼等地方张贴宣传海报,以吸引学生的注意

力并提高活动的知名度;制作一段简短而有趣的短视频,展示本次文化活动的特色和亮点,并通过校园媒体进行推广,以吸引更多人的关注;在班会上进行宣讲,介绍本次文化活动的目的、内容、时间、地点等信息,并鼓励学生积极参与;通过校园广播、电视等渠道播报本次文化活动的相关信息,以进一步扩大活动的影响力等。

(6)活动结果的表彰。

制订对本次活动中表现出色的集体与个人的表彰奖励办法。可根据实际情况设置若干奖项,如优秀组织奖,特殊贡献奖,最佳表现奖,某单项活动的一、二、三等奖等。

(7)活动预算和资源需求。

根据活动的规模和要求,制订详细的经费预算和资源需求计划,包括设备与奖品购置费、特邀专家交通与劳务费以及其他方面的费用等。

(8)活动风险管理和应对措施。

预测和评估活动中可能出现的风险与问题,并制定相应的应对措施,包括安全措施、应急预案等。

(9)其他事宜。

3. 活动方案的实施与调整

活动方案的实施是指把活动方案付诸行动,是一个把设计蓝图转化为现实活动的过程。活动方案的实施要注意以下三点。

(1)提前召开准备会议,把活动方案中的具体事项落实到位,如某项工作的具体负责人安排、场地器材的布置、活动奖品的购置等。严格按照方案规划的时间、地点、要求等,提前做好各项准备工作,保证按时开展活动。

(2)利用体育课或者班会时间,向学生宣讲校园足球文化活动的意义和具体事项,帮助学生了解本次校园足球文化活动的主要内容和具体方法,动员广大学生积极参与,提高学生的参与度。

(3)通过校园广播、宣传栏、校园网等多种渠道宣传本次校园足球文化活动。举办足球知识讲座、足球沙龙等活动,增强学生对足球知识的了解和认识,提高足球文化活动的效果。

活动方案的调整是指根据活动效果的反馈、学生意见和各种突发情况,对原本已经确定的活动内容、方法、形式、时间、地点等因素进行适当调整,以取得更好效果。活动方案的调整需注意以下四点。

(1) 通过调查了解学生的需求和意见,根据实际情况调整活动内容,丰富学生喜闻乐见的足球文化元素。

(2) 对参加活动的教师进行采访,发现、了解活动中存在的问题,并根据实际情况进行适当调整。

(3) 对各项活动的实施效果进行及时评估,发现问题及时进行调整和完善,确保活动方案的有效性和可行性。

(4) 活动开始前或进行中,发现或遇到特殊情况,可根据具体情况对活动时间、地点,甚至内容等进行及时调整,如遇下雨或其他恶劣天气,室外活动不能正常进行,可临时推迟或更改活动时间,如学校条件允许,也可以改在室内进行。

总之,校园足球文化活动方案的实施与调整需要充分考虑学生、教师和学校等多方面的综合因素,不断探索和积极实践,不断完善活动方案,切实推动校园足球文化建设工作的高质量发展。

八、开展校园足球文化活动的工作要点与问题应对

(一) 开展校园足球文化活动的工作要点

合理设计与组织实施校园足球文化活动是一项涉及学生、教师、场地、器材、组织、管理等多种要素的系统工程,为了确保活动的顺利进行和目标的达成,开展校园足球文化活动需要抓住要点,突出重点,多方协同,共同推进。学校体育组作为学校体育工作的具体策划者和组织者,在设计与组织实施校园足球文化活动过程中,需要特别关注以下六个工作要点。

1. 尊重客观实际,分析学校现状

在开展校园足球文化活动之前,活动的组织者应该对学校现状进行深入的

了解分析。需要调查了解的情况主要包括学生的兴趣和需求,学校的资源和设施,教师和工作人员的支持程度、工作热情与组织能力等。通过对学校现状的调查分析,组织者能够更加合理地制订活动方案,确保文化活动的可行性和有效性。

同时,组织者还需要尊重客观实际,即根据学校的实际情况和条件来制订活动计划。这意味着要根据学校的资源、日程安排和人力等方面的条件和限制,合理安排活动的内容和形式。例如,如果学校没有足够大的室内场地,可以选择在校园内的其他空地进行活动等。只有尊重客观实际,才能够更好地利用学校的资源,确保活动的顺利进行。

分析学校现状和尊重客观实际有助于确保校园足球文化活动的有效性和可行性。只有在充分了解学校现状的基础上,才能制订出切实可行的活动方案,从而更好地满足学生的需求。同时,尊重客观实际也能够帮助组织者合理利用学校的资源,避免过度消耗和浪费,为活动的长期开展奠定基础。

2. 做好预先设计,筹划活动方案

开展校园足球文化活动之前应该进行充分、合理的预先设计,并编写详细的活动方案。这包括明确活动的目标和主题、确定活动的时间和地点、确定参与人员和资源需求,以及规划活动的具体内容和流程等。

第一,需要明确活动的目标和主题。如丰富学生的足球知识,提升学生对足球的认知水平;培养学生的团队合作精神,激发学生对足球运动的兴趣等。明确活动的目标和主题有助于更好地组织活动内容和形式,确保活动的针对性和有效性。

第二,需要确定活动的时间和地点。根据学校的日程安排和学生的可用时间,确定活动的具体日期和时间段。同时,要根据学校的场地和设施情况,选择合适的地点进行活动。确保活动时间和地点的合理安排,有助于提高学生的参与度,保证活动的顺利进行。

第三,还要确定活动的参与人员和资源需求。这包括统计学生的参与人数、安排所需的教师和工作人员,以及统计所需的足球器材和其他辅助资源等。通过确定参与人员和资源需求,组织者可以提前做好准备,确保活动所需的人力和物力资源得到充分保障。

第四,要规划活动的具体内容和流程。这包括各个环节的安排,如开幕式、各项活动的具体流程、颁奖仪式或闭幕式等。

3. 强化宣传引导,营造文化氛围

在开展校园足球文化活动的过程中,组织者需要积极进行宣传引导,以营造浓郁的校园足球文化氛围。这包括通过多种渠道和方式宣传足球文化活动的意义、活动内容及具体方法,吸引更多的学生参与,增强校园足球文化的影响力。

第一,可以利用校园广播、电子显示屏、宣传栏、校报等渠道进行宣传。通过发布活动通知、邀请学生参与、报道活动进展等方式,向全校师生传达活动的重要信息。这有助于引起学生的关注和兴趣,增强其参与活动的积极性。

第二,可以组织一些宣传活动来提高影响力,如足球展示赛、明星球员分享会等。这些活动可以吸引更多的学生观看和参与,体验足球的魅力和乐趣。同时,也可以邀请媒体参与活动报道,增强校园足球文化活动的影响力和宣传效果。

第三,还可以利用宣传海报、横幅、标语等方式,将校园足球文化活动的信息展示在校园的显眼位置,营造浓厚的校园足球文化氛围。这些宣传内容可以包括活动的时间、地点、参与方式、奖项设置等重要信息,通过视觉效果吸引学生的注意力,鼓励学生积极参与适合自己的活动。

4. 发动全校力量,挖掘多种资源

习近平总书记在党的二十届三中全会第二次全体会议上的重要讲话中强调:"要锚定继续完善和发展中国特色社会主义制度、推进国家治理体系和治理能力现代化的总目标,更加注重系统集成,更加注重突出重点,更加注重改革实效,精准发力、协同发力、持续发力。""三个更加注重"对于开展校园足球文化活动具有重要的指导价值。开展校园足球文化活动需要从多个角度出发,发动全校力量,挖掘和利用学校内外的各种资源,更加注重资源整合;充分激发全体师生参与活动的热情和积极性,以师生为中心,更加注重突出重点;"一把手"挂帅监督,形成以上带下、上下联动、整体发力的格局,更加注重活动实效。

发动全校力量包括以下内容。

（1）提高全校师生的参与度。通过举办讲座、培训、示范课等形式，提高全校师生对开展足球文化活动的理解和参与度。

（2）建立足球文化团队。鼓励各班级、年级甚至全校成立足球文化团队，进行自我管理和自我发展。

（3）建立奖励机制。对在足球文化活动中表现优秀的团队和个人进行适当的奖励，激发全体师生参与足球文化活动的积极性。

（4）营造文化氛围。通过各种渠道宣传足球文化，例如校园广播、海报、社交媒体等，营造浓厚的足球文化氛围。

挖掘多种资源包括以下内容。

（1）人力资源：不仅包括足球队的教练和队员，也包括学校对足球有特长或有兴趣的教师、学生、家长等。他们可以提供各种帮助和支持，例如参与组织活动，提供场地、物资、资料等。

（2）物质资源：包括足球、场地、设施、游戏器材、板报、纸张、颜料、各种奖品等。物质资源除了由学校提供，还可以通过社会捐赠、学生自筹等方式获取。

（3）时间资源：合理规划各项活动和比赛的时间，充分利用课余时间，确保活动的有序进行。

（4）空间资源：除了足球场，还可以利用校园的其他空地和场所来进行足球文化活动，例如篮球场、空教室、会议室等。

（5）社区资源：可以与当地的社区、体育机构、足球俱乐部等进行合作，共享社区资源，为学生提供更多参与足球文化活动的机会。

5.加强组织管理，保障活动顺利进行

在开展校园足球文化活动的过程中，加强组织管理是保障活动顺利进行的关键。这包括对活动进行全面规划与合理组织，确保各项准备工作得到充分安排和落实，以及对活动进行有效的监督和管理。

首先，组织者需要进行全面的预先筹划和组织。这包括确定活动的目标和主题、制订活动方案、安排活动时间和地点、确定参与人员和资源需求等。通过全面的规划和组织工作，能够确保活动的各项细节得到妥善安排，从而保障活动的顺利进行。

其次,要确保各项准备工作得到充分安排和落实。这包括活动场地和器材的准备、参与人员的招募和培训、宣传和报名工作的开展等。通过做好各项准备工作,能够提前解决可能发生的问题和出现的困难,确保活动的顺利进行。

另外,要对活动进行有效的监督和管理。这包括对活动进展的跟踪和评估、对参与人员的指导和支持、对活动过程的观察和调整等。通过有效的监督和管理,能够发现问题并及时解决,确保活动按照预定目标顺利进行。

6. 注重效果评估,不断改进工作

效果评估是开展校园足球文化活动的工作要点之一。这一要点的核心在于通过科学的评估方法,对活动的实施效果进行全面、客观的分析,从而发现存在的问题,总结经验教训,为后续工作的改进和不断完善提供有力支撑。

加强活动效果评估的意义在于有助于学校管理者深入了解活动的实际成效,如学生的活动参与度、学生足球知识技能的现状与水平、班主任的态度与配合情况等,从而判断活动的开展是否达到了预期效果。通过评估,还可以发现活动中存在的问题和不足,以及在组织流程、资源配置、宣传推广等方面存在的短板,通过不断总结经验教训,优化活动方案,为进一步改进工作提供明确的方向和目标,使校园足球文化活动更加符合学生需求,更具吸引力和影响力。

一般可以采取以下四种方式进行效果评估。

(1) 问卷调查法。通过向学生、教师、家长等活动相关人员发放问卷,分析他们对活动的满意度,收集他们的意见和建议,从而全面了解活动效果。

(2) 观察法。通过现场观察学生在活动中的表现,记录他们的知识与技能水平、作品质量、比赛与获奖情况等方面的数据,为效果评估提供依据。

(3) 成果展示法。通过举办各种展览活动,展示学生在活动中所取得的成绩、收获和进步,让更多师生了解足球文化活动的成果和影响力。

(4) 数据分析法。通过对活动过程中的各项数据进行统计和分析,如参与人数、比赛成绩、作品数量、测试成绩等,来评估活动的整体效果。

特别需要提及的是,随着数字化技术的广泛应用,效果评估应积极加强数据库建设,逐步建立标准化数据,为校园足球文化建设的持续提质增效奠定坚

实基础。

在实际工作中应综合运用多种评估方法,确保评估结果的全面性、客观性和准确性。同时,还要注重对评估结果的分析和应用,将评估结果作为改进工作的重要依据,不断优化活动方案,提升校园足球文化活动的质量和效果。

(二)开展校园足球文化活动的常见问题及应对思路

在开展校园足球文化活动的过程中,由于受到各种内外因素的影响,可能会或多或少地遇到一些问题和困难,如物质条件不足、参与度不高、组织管理松散、专业人员匮乏、活动效果不佳等。这些问题会妨碍活动的顺利进行,影响活动的效果,需要组织者采取相应的有效措施加以应对,以保证校园足球文化活动的顺利进行和成功举办。

1. 物质条件不足

(1)问题描述。学校缺乏开展校园足球文化活动所需要的相关物质条件,如足球场地、器材、设备等,导致足球文化活动难以正常进行,同时也限制了更多学生参与足球文化活动的机会,无法满足开展多样化校园足球文化活动的需求。

(2)应对思路。一是从长远处着眼,积极争取上级部门的支持,不断改善学校场地条件。二是充分挖掘并利用学校现有场地资源,因地制宜,合理设计在现有条件下可以开展的活动内容,采取适宜可行的活动内容和组织形式。三是积极寻求和争取企业、社会足球俱乐部等机构的支持,努力改善开展足球文化活动所需的基本条件。

2. 参与度不高

(1)问题描述。由于学生对足球文化活动的兴趣和认知有限,缺乏参与活动的热情和动力,导致活动的参与人数不足、氛围不浓。同时,由于其他学科教师对足球文化活动的理解和认同度不高,难以主动参与到活动的组织和推广中来,这也进一步限制了活动的推广范围和影响力。

(2)应对思路。一是通过开展足球文化宣传活动、组织足球培训班、邀请专业足球教练开展讲座、改进活动内容与形式等方式,提高学生对足球文化活动的兴趣和参与意愿。二是通过学校领导广泛动员,调动其他学科教师的参与积极性,尤其是要号召班主任做好宣传发动工作,动员更多学生积极参与活动。三是可以加强与学生家长的沟通和合作,争取家长大力支持学生参与学校活动。

3. 组织管理松散

(1) 问题描述。由于活动的预先筹划和准备工作不够充分、不够细致,活动的组织管理工作落实不够到位等,导致活动组织松散无序,问题频发,活动难以顺利进行并达到预期效果。

(2) 应对思路。一是需要建立完善的活动管理体系,明确各个岗位的职责和任务,确保活动的各项准备工作得到充分安排和落实。二是要加强对活动的监督和管理,对活动的各个环节进行监督,及时发现和解决问题,灵活调整活动方案,确保活动的顺利进行。

4. 专业人员匮乏

(1) 问题描述。由于缺乏具备足球专业知识的人员参与活动的预先设计、组织管理和评价工作,活动的质量和效果受到一定影响。在严重的情况下,涉及获奖活动的评判公正性受到质疑,进而可能引发班级或师生之间的各种矛盾。

(2) 应对思路。一是邀请有经验的校外足球专业人员参与工作,提高足球文化活动组织管理的整体专业水平。二是对校内参与活动的工作人员进行预先专业培训,帮助他们熟悉业务,提高他们对本人所负责项目的专业认知和管理水平。三是适当降低活动内容的难度和专业化程度,使活动更加适合广泛开展。

5. 活动效果不佳

(1) 问题描述。学生对活动的参与热情不高,对活动结果的关注度偏低,导致活动场面冷清或出现冷场等现象。由于缺乏学生的积极参与和关注,活动的预期效果得不到很好的显现,流于走过场和形式化,无法真正发挥活动应有的价值和作用。

(2) 应对思路。一是要认真分析造成活动效果不理想的原因,具体来说可以从活动设计、组织管理、活动宣传、学生心理等多方面查找原因。二是要根据原因寻求针对性解决办法,如改进活动设计、加强活动宣传、强化组织管理、把握学生需求等,力争下一场活动就能加以改进,以增强活动效果。如时间不允许就认真做好改进方案,待下一年活动实施时再做改进,争取不断提高校园足球文化活动的质量和育人效果。

下篇 校园足球文化活动案例

本篇精心汇编了19所校园足球特色学校在校园足球文化建设方面的实践案例。这些学校不仅将足球视为一项体育活动，更是将其作为培养学生团队精神、坚韧意志及促进学生身心健康发展的重要途径。这些学校通过策划并实施一系列丰富多彩、富有创意的校园足球文化活动，不仅激发了学生对足球运动的热爱与参与热情，还巧妙地融入了足球文化的元素，使足球文化的内涵得以多维度展现和传承。这些活动不仅特色鲜明，而且成效显著，有效增强了校园足球文化的感染力与影响力。这些学校勇于尝试新方法，探索新路径，不仅为自身的校园足球发展奠定了坚实的基础，更为其他校园足球特色学校提供了宝贵的经验与启示，为更多学校在实践中培育校园足球文化提供了可复制、可推广的模式与策略。

本篇案例按照单位名称的首字母排序。

案例一
构建足球文化多维空间　创新主题活动育人体系

河南省实验中学

一、河南省实验中学简介

河南省实验中学是河南省教育厅直属的完全中学,是河南基础教育的窗口学校,培养了中国第一枚国际数学奥林匹克竞赛金牌得主方为民和中科院院士、西湖大学校长施一公等数以万计的优秀人才,荣获全国教育系统先进集体、国家级绿色学校、国家级体育传统项目学校、全国未成年人思想道德建设工作先进单位、全国中小学中华优秀传统文化传承学校、全国校园足球特色学校、全国中小学人工智能教育基地、全国义务教育教学改革实验校、全国中小学科学教育实验校等荣誉称号。

学校师资力量雄厚。现有正高级教师8人、高级教师233人、特级教师5人、中原名师2人、中原教学名师1人、河南省名师30人、河南省骨干教师93人、河南省学科带头人1人、河南省学术技术带头人3人、河南省教育厅学术技术带头人28人、市级名师和骨干教师52人。

学校办学成果丰硕。普通教育、竞赛教育、国际教育、艺体教育、航空教育、民族教育亮点纷呈,形成多样化发展、多元化育人的办学特色。每年有大批毕业生被清华大学、北京大学、美国哥伦比亚大学、加拿大多伦多大学等国内外一流大学录取;校篮球队、足球队、田径队稳居河南省校园体育领先地位,校足球队4次获得全国中学生顶级赛事冠军,多次代表中国参加亚洲及世界中学生足球锦标赛,2019年夺得首届亚洲五人制中学生足球锦标赛季军,2024年助力中国中学生国家队夺得"国际中体联足球世界杯"冠军。

二、加强校园足球文化建设，营造"以体育人"浓厚氛围

河南省实验中学在校园足球文化建设中，始终秉持时代性、系统性、科学性、全面性的育人理念，营造出"以体育人"的浓厚氛围。

第一，坚持正确的育人方向。河南省实验中学在校园足球文化建设中紧紧围绕立德树人根本任务，全面贯彻落实党的教育方针，加快实施课程思政，强化对学生、运动员的爱国主义教育、家国情怀教育、理想信念教育和社会主义核心价值观教育，使球场成为铸魂育人的精神家园，成为强身健体、健全人格、锤炼意志、陶冶情操的育人阵地。

第二，遵循教育规律和学生成长规律。河南省实验中学坚持从学生的身心特点、思想实际出发，以校园足球为抓手，把浸润校园足球文化作为校园文化建设的出发点和落脚点，使学生在日常学习、生活中接受丰富的校园足球文化熏陶和"以体育人"氛围的感染，在良好的校园足球人文、情景活动中浸润学生心灵，陶冶高尚情操。

第三，广泛发动，全员参与，人人受益。河南省实验中学鼓励师生全员参与，让师生成为校园足球文化建设的设计者、组织者、实践者。该校根据其发展历史、办学条件、所处地域和人文积淀，坚持因地制宜，构建理念先进、氛围浓厚、活动丰富的校园足球文化模型，塑造鲜明独特的足球特色学校形象。该校坚持不断提升校园足球文化建设"硬指标"，增强校园足球文化建设"软实力"，推动校园足球文化建设"成体系"，充分发挥校园足球文化的育人功能，不断增强体教融合、以体育人工作的时代性、科学性和实效性。

三、校园足球文化活动的探索与实践

（一）完善校园足球文化基础设施

逐步完善校园足球文化基础设施，合理安排并根据各功能区的作用和特点

设置文化主题,体现教育的引导和熏陶作用;构建和谐景观,从本地自然环境和条件出发,绿化美化净化校园,使校园内一草一木、一砖一石都体现潜在育人功能。

1. 建立校园足球文化展区

该校校史馆是河南省级文物保护单位,由始建于20世纪50年代的老教学楼改造而成,建馆理念是"让每一位师生在这里都能找到自己的回忆"。校史馆内专门设立了校园足球文化展区,记述该校校园足球发展历史,介绍该校丰富多彩的校园足球文化活动,展示足球老照片、球衣、证书、奖杯、奖牌等多种纪念品,设立足球突出贡献荣誉墙,彰显该校深厚的校园足球文化底蕴。

2. 创设校园足球特色阅览区

利用学校图书馆阅览室设立校园足球特色阅览区。区内学生可以查询与足球相关的多种资料,获取足球运动的赛事报道、文化宣传、足球技能学习、足球人物故事等多种知识和各种资讯,亦可利用业余时间阅览自己感兴趣的足球报、体坛周报、校园足球、足球俱乐部等多种足球报纸与杂志。

3. 设立校园足球文化墙

充分利用操场四周空间设立校园足球文化墙,通过学生涂鸦、海报张贴、标语书写、摄影作品展示等形式浸润校园足球文化不同的教育主题,例如足球大事记、规则我知道、球星励志故事介绍、足球伤病预防等。

4. 创建足球荣誉室

介绍该校在足球方面所取得的优异成绩,展示冠军奖杯、奖牌、队旗、纪念品、签名球衣、纪念足球等。

5. 拟建足球艺术雕塑

拟在校内增设足球主题雕塑、脚印墙等。

(二) 增强校园文化建设"软实力"

精心组织开展校园足球文化活动,以鲜明正确的价值观引导学生,以积极向上的力量激励学生;加强对学生社团活动的指导和管理,发挥好学生社团的凝聚、教育功能;着力开展一系列校园足球文化建设主题活动。

1. 主题活动一:正确的价值观教育

为弘扬正确的价值观,河南省实验中学举办了以"如何正确看待比赛胜负"为主题的辩论赛和足球征文活动,旨在以校园足球为抓手,通过对足球比赛胜负观的辩论,指引全体师生明晰正确的价值观,弘扬正气,正确看待成功与失败。

2. 主题活动二:人生成长教育活动

2018年黑马体育为河南省实验中学足球队拍摄了纪录片《未尽的征程》,片中不仅对河南省实验中学足球队成员征战全国青少年联赛和中国高中联赛的过程进行了实景拍摄,还展示了这些足球少年在学习、生活中的成长故事。此片对全校师生震撼极大,让全校师生深入了解了足球的育人功能与拼搏精神,对该校足球文化的形成和推广起到了极大推动作用。举行足球教育沙龙活动,教师、家长、学生、嘉宾共聚一堂,就校园足球的教育功能进行交流探讨,演绎校园版的足球人生。

3. 主题活动三:励志教育活动

开展足球大讲堂,邀请国内足球知名教练、运动员以及体育界专家来校演讲、做报告,讲述足球生涯及球星的励志故事。

4. 主题活动四:行为习惯养成教育

通过举办校园足球班级联赛增强全校师生的运动意识,通过装备摆放、谢场礼仪、替补席卫生保持等教育环节强化学生的规则意识,开展行为习惯养成教育。

5. 主题活动五:举办家校共育日

通过举办足球嘉年华、亲子足球赛、家校共育日等活动,让学生享受足球运动的乐趣,形成和谐的亲子关系,营造家校共育的氛围。

6. 主题活动六:"爱心我奉献"活动

组织足球社团学生去西部地区、贫困地区进行"大手拉小手"帮扶资助活动,邀请受帮扶地区的学生来校参观、参训、观摩比赛。积极参与山娃足球公益活动和向贫困地区募捐球服、足球及相关器材等活动。

7. 主题活动七:心理健康教育活动

学校常态化开展心理健康教育周等心理健康教育活动,加强对足球运动中体育精神、拼搏精神、良好心理素质培养等元素的梳理,筑牢学生健康心理防线,铸造学生心理韧性。

8. 主题活动八:文化浸润活动

在校园文创产品征集、文化市集等活动中融入足球元素,让学生在艺术创作、创意设计的过程中接受足球文化的浸润。

9. 主题活动九:感恩教育活动

利用毕业季成人礼,开展毕业季展演活动,举行省实验精神毕业传承活动。

10. 主题活动十:赛事我欣赏 赛事我参与

通过举办、承办高水平足球比赛提高学生赛事欣赏能力和参与办赛能力,让实验学子能欣赏到高水平足球比赛,并在赛事期间担任志愿者、工作人员,参与办赛,体验足球产业活动。

11. 主题活动十一:校园足球文化宣传活动

通过河南省实验中学校园网、河南省实验中学公众号、河南省实验中学视频号、河南省实验中学抖音号、"殷红的实验眼"公众号等新媒体方式立体化深度宣传省实验中学各项校园足球活动和文化理念。

四、开展校园足球文化活动的效果与反思

(一) 效果

第一,通过举办各类校园足球文化活动,在校园内形成一种积极向上的文化氛围,展示学校的教育理念和文化特色,强化了河南省实验中学校园足球文化品牌建设,增强了师生的校园足球文化认同感和归属感。师生间共同的文化活动有助于形成良好的师生关系,增强学校凝聚力,形成共同的价值观和奋斗目标。

第二,通过开展校园足球文化活动,增强了学生体质,有助于学生身心健康和形成积极向上的生活态度;丰富了学生的课余生活,培养了学生的团队合作精神和竞争意识,使其享受到校园足球文化的熏陶和滋养;展示了学生的特长

和潜力,促进了学生个性和创造力的发展。

第三,校园足球文化活动的开展,为该校校园足球的普及工作打下了坚实的基础,从而助力了河南省实验中学足球的竞技能力和育人成果的提升。该校足球队曾4次获得全国中学生顶级赛事冠军,多次代表中国出征亚洲、世界中学生足球锦标赛,并获得亚洲季军、亚军的名次。2024年助力中国中学生国家队夺得"国际中体联足球世界杯"冠军。同时,300多名足球学子通过"足球特长＋学习保障"的方式考入清华大学、北京大学等国内多所名校。

(二) 反思与展望

未来,河南省实验中学将进一步推动校园足球文化建设"成体系"发展,修订和完善校园足球文化建设章程,建立健全有利于师生和学校发展的各项文化建设管理制度,形成学校自我发展、自我约束的校园足球文化建设运行机制;促进形成学校、家庭、社会三位一体的校园足球文化建设良性互动新格局、新模式。

案例二
创设全员参与机制　打造全景联动足球

开封市苹果园中路小学

一、开封市苹果园中路小学简介

开封市苹果园中路小学(以下简称苹果园中路小学)创建于1982年,占地面积17141平方米,现有教学班29个,教职工94人,学生1590人。学校布局合理,教育教学设施齐全、完善。学校秉承"办学有特色、教学有特点、学生有特长"的宗旨,坚持"以党建引领,以教学质量为核心,以健康体魄、规范行为为两翼"的发展理念,以"做最好的自己"为培养目标。

2015年,该校被教育部授予"青少年校园足球特色学校"称号。2020年,成为开封市"满天星"训练营暨新型足球学校第一营区学校。2021年6月18日,全国青少年校园足球"满天星"训练营暨新型足球学校建设现场交流活动在开封市举行,该校作为分会场之一参与其中。2023年,该校参加河南省教育厅主办的"河南省校园足球工作推进会"现场观摩活动。2024年,该校荣获"全国国防教育特色学校"荣誉称号。

二、班级联赛与文化活动相融合,促进学生全面发展

苹果园中路小学坚持每年举办"全明星校园足球班级联赛"活动,活动原则定位于全体师生的广泛参与。活动以每班50人为基准进行不同角色的设计,挑选出班级代表队10人、班级啦啦队10人、小小裁判员4人、小小播音员4人、小小评论员4人、小小服务员4人、小小医务员4人、小小摄影家4人、足球

小记者4人、足球小画家2人,同时带动全体学生积极参与啦啦操展示、演讲比赛、征文比赛、海报评比、手工制作比赛、手抄报比赛、足球知识竞赛、绘画比赛、摄影比赛等活动。要求做到"全员参与,不落一人",让学生以不同的方式加入到"全明星校园足球班级联赛"中来,感受足球特点,体验足球魅力,积淀足球文化。该校推进这一"全明星校园足球班级联赛"活动,不仅聚焦于学生足球技能与体能的提高,更注重把重心置于培育校园足球文化的精耕细作上。

"全明星校园足球班级联赛"活动目标是利用全员参与班级联赛的机会,促进学生全面发展,确保校园足球所蕴含的文化底蕴真正渗透到学生的意识与行动中,使学生在足球活动中不断体悟和领略体育精神的真谛,全面释放足球潜能。班级联赛与各种文化活动相融合,旨在丰富学生的文化视野,借助校园足球文化的力量,引导学生树立正确的价值观。

校园足球文化的薪火相传,是学校体育工作不可或缺的一环。积极培育校园足球文化,对学生的身心健康发展大有裨益,能够助力学生足球技能的精进与良好锻炼习惯的养成。年度学生体质健康测试数据显示,学生体质状况明显提升,健康肤色越发普遍,"小胖墩""小眼镜"的身影日益减少。家长们纷纷反馈,孩子们在家中参与体育活动的积极性明显提升,与手机、平板等电子产品的距离悄然拉远。学生的变化和校园足球文化氛围的形成密切关联。

三、"全明星校园足球班级联赛"全景纪实

(一) 分工管理

苹果园中路小学紧紧围绕"足球是教育、足球是文化、足球是生活"的理念,大力开展"全明星校园足球班级联赛",成立学校校园足球工作领导小组。把开展和实施校园足球文化活动纳入学校教育教学的常规管理中,每次活动开展都进行逐项考核,实行既重结果、又重过程的管理模式。校长负责班级联赛及嘉年华活动方案的制订,确定学校特色规划的目标和方向;书记负责班级联赛及嘉年华活动中的措施制订及学校特色的渗透与提升;党政领导全面协助足球特

色学校的创建与发展工作;体育组全体教师负责各项目活动的组织开展与协调;各班主任负责做好宣传工作,向学生以及家长进行活动的宣讲并负责组织各班学生参加活动的具体事宜;各任课教师做好学生在征文比赛、绘画比赛、摄影比赛、演讲比赛、现场播报、手抄报比赛、体育知识竞赛、手工制作比赛等活动中的指导工作,做到全校师生共同参与。

(二) 宣传发动

"全明星校园足球班级联赛"活动由校长、书记规划活动内容及方向;体育组全体教师负责各项目活动的组织开展;各班主任通过各种渠道向学生及家长宣传活动的开展方式、地点。活动前召开师生动员会,调动大家的参与积极性,做到"全员参与,不落一人"。在活动中设置固定时间,及时播报"全明星校园足球联赛"各项活动的组织安排、注意事项、比赛结果等,保证各项活动的顺利进行。活动后利用校红领巾广播站、开封校园足球网站和开封日报、汴梁晚报等宣传机构大力宣传校园足球文化活动成果,积极扩大校园足球文化活动的影响力。

(三) 参与办法

学校为了让全校师生共同感受足球的独特魅力、体验足球的乐趣、享受足球运动,使足球文化在潜移默化中深入师生心中,在校园足球领导小组的带领下,"全明星校园足球班级联赛"要求做到"全员参与",教师各司其职,学生根据兴趣选择适合自己的比赛或文化活动,做到"不落一人"。

(四) 活动实施

1. 活动目标

通过"全明星校园足球班级联赛",打造生动活泼的校园足球文化氛围;促进学生全面和谐地发展;丰富学生的课余生活;强健学生的体魄;帮助学生树立"健康第一"的生活观念和坚持每天体育锻炼的良好习惯;让校园足球的发展有更好的延续性。以丰富多彩的班级联赛活动为杠杆,让全校师生参与到校园足球活动中来,切身感受足球运动的乐趣,使足球文化深入师生心中。同时围绕班级联赛开展啦啦操展示、演讲比赛、现场播报、征文比赛、海报评比、手工制作比赛、手抄报比赛、足球知识竞赛、绘画比赛、摄影比赛等丰富多彩的活动,激发学生对足球运动的兴趣和热爱,培养学生的观察力、想象力和创造力。通过多种活动激发学生兴趣,让全校学生都能参与进来,更深入地领悟校园足球的魅力。

2. 活动内容

(1) 全明星校园足球班级联赛。

以年级为单位将三、四、五、六年级进行分组,每班一支球队,按照赛程表进行年级段循环赛。每队可报运动员10名(5男5女),球队要在比赛前15分钟到场,球队负责人在比赛前5分钟要将参赛队员名单交由工作人员核对,名单所列必须是班级球队备档资料中的正式球员。每班面向全体同学征集队徽、助威口号,以全班投票的方式对队徽、助威口号进行评选,要求能体现班级特色,展现班风。参赛班级挑选旗手,参照中国足球超级联赛入场式,随《国际足联公平竞赛曲》入场;入场后奏国歌,双方队长交换队旗,完成赛前礼仪。每队上场队员不得多于5人(赛场上必须有不低于2名女生参加),必须有1人为守门员(不分男女),赛后每个年级选出最佳射手、最佳门将、最佳新秀等进行表彰颁奖。活动前由体育教师面向全体学生培训室内五人制足球比赛规则,根据学生学习情况挑选出合适人选,担任"全明星校园足球班级联赛"裁判员。"小记者"由少先队大队部进行指导,担任"小记者"的同学进行赛前报道及赛后采访。学生医务人员由学校医务人员进行培训指导,比赛中学校医务人员与学生共同组成医务团队。志愿者团队由体育组教师组织学生组成,负责场务工作。摄影师组由美术组教师讲解摄影、摄像方面知识,并对其进行指导,教师在比赛中带领摄影师组学生完成比赛摄影、摄像工作,留存照片与影像资料。

(2) 亲子足球游戏。

以年级为单位将一、二年级进行分组,每班一支队伍,按照赛程表进行年级段循环赛。将八人制足球场划分为6个游戏区域,每个区域一支队伍,等时轮换。一场游戏由一队参加,每队上场队员30人(10名男生、10名女生、10名家长),如果游戏前任何一队上场队员少于30人,该场游戏队伍视为弃权,游戏成绩取消。游戏内容分为:蚂蚁搬家,1号场地(足球场西南侧);足球"保龄"球,2号场地(足球场南大禁区);抢金币,3号场地(足球场东南侧);翻山越岭,4号场地(足球场东北侧);抢粮食,5号场地(足球场西北半场);小毛驴赛跑,6号场地(足球场中圈)。

(3)师生足球对抗赛。

活动以师生对抗的形式进行,每个学科选出2名教师代表和5~6年级"全明星校园足球班级联赛"冠军联队进行比赛。师生足球对抗赛是最吸引全校师生目光的赛事,也是最具有趣味性的校园足球活动。

(4)啦啦操展示。

每班由班主任组织一支啦啦操队伍为参赛队加油助威,音乐自选,人数20人左右。每班啦啦操队伍可以搭配体现班级特色的服装与道具,在中场休息时入场表演展示。要求各班啦啦操队伍在人员组织、气氛营造等方面展示良好风貌,助力班级联赛活动顺利开展。

(5)现场播报活动。

每班选出2名播报员及时播报"全明星校园足球班级联赛"的组织安排、注意事项、比赛结果等,扩大活动影响力与关注度。

(6)摄影评选活动。

围绕"全明星校园足球班级联赛"开展,要求各班精选班级联赛中的四张照片贴在A4纸上,并附上100字左右的图片说明参加评选。参赛作品须自拟标题,无标题作品不入围,照片黑白、彩色不限,要反映真实的现场状态。评选工作由少先队大队部组织。

(7)创意海报评比活动。

以"全明星校园足球班级联赛"为主题创作海报,每班挑选4名同学进行海报设计,通过海报展示班级联赛上的精彩瞬间,对班级联赛起到宣传作用。1~2年级海报为A4纸大小,3~6年级海报为A3纸大小,要求主题突出、创意新颖、设计美观。

(8) 足球专题演讲比赛。

分低、中、高年级三组进行比赛，各班由班主任挑选出一名代表，围绕"全明星校园足球班级联赛"进行演讲。演讲题材不限，可以讲述观看比赛时的感想、对足球的认识或针对"全明星校园足球班级联赛"所进行的准备等。比赛设一等奖6名、二等奖6名、优秀奖若干，并从中选出6名选手在国旗下进行演讲风采展示。

(9) 足球专题手工制作比赛。

根据学生的手工制作兴趣及水平，将学生分成不同的小组，由美术组教师进行针对性辅导，挑选2名同学参加手工制作比赛。要求学生以"全明星校园足球班级联赛"为主题进行手工制作，由美术组教师对作品进行评选，优秀作品在校内展示。作品形式包括但不限于剪纸、泥塑等。

(10) 足球专题手抄报比赛。

要求学生以"全明星校园足球班级联赛"为主题，提前设计好模板，准备好所需文字材料与颜料，每班选出4名代表进行手抄报的现场制作。

(11) 足球知识竞赛。

由体育组教师负责足球知识竞赛题库的建立，1～2年级题库有100题，3～4年级题库有200题，5～6年级题库有300题，提前一周发给各年级做准备。各班选出5名代表，按照"汉字听写大赛"模式进行淘汰赛，决出各年级一、二、三等奖。

(12) 足球专题绘画比赛。

根据学生的绘画兴趣及水平，将学生分成不同的小组，进行有针对性的指导。每班选出4名同学进行比赛，要求学生以"全明星校园足球班级联赛"为主题，完成足球绘画作品，展现足球场上的精彩瞬间、球员的成长历程或有趣的足球场景。作品必须为原创作品，不得抄袭或临摹他人作品，应具有一定的完整性和艺术性，注重构图、色彩和表现力，包括但不限于油画、水彩画、素描、漫画、国画等绘画形式。

(13) 足球专题征文比赛。

要求学生以"全明星校园足球班级联赛"为主题进行文章写作，作品体裁不限。每班选出2名代表进行文章写作,作品交由少先部大队部进行评比,评比后获奖作品装订成集,展示并留档保存。

四、足球竞赛与文化活动相融合的效果及反思

(一)效果

开封市苹果园中路小学紧密围绕"足球是教育、足球是文化、足球是生活"的理念,在积极推进校园足球运动的同时,巧妙地将校园足球文化活动融入校园足球班级联赛之中,使校园足球文化风采得以充分体现。此举不仅让学生深切感受到校园足球文化的魅力,还促使他们通过亲身实践领悟到足球文化的精髓,在潜移默化中,把团队合作、顽强拼搏、遵守规则、尊重裁判以及自尊自爱自强等体育精神深深植根于学生心中,助力其人格健全、健康成长,落实育人为本、重在普及、精准施策、融合发展的校园足球文化发展理念。

(二)反思与展望

积极培育校园足球文化,对于促进学生身心的全面发展、形成良好的足球技能与锻炼习惯具有重要意义。然而,在实践中我们发现,健全的制度体系唯有真正落地、落实,方能发挥其应有的效能。任何环节的偏差都可能影响整体实施效果。此外,制度的执行是一项长期且系统化的工程,离不开相应的监督与评价体系作为坚实保障。因此,当前亟须建立并完善监督评价体系,确保监督评价信息能够得到及时、有效的反馈。同时,提升制度执行者的认知高度和自觉性也至关重要,这有助于保障校园足球文化的高质量建设与发展。

案例三
以足球为荣　与快乐相伴　与教育同行

开封市夏理逊小学

一、开封市夏理逊小学简介

开封市夏理逊小学(以下简称夏理逊小学)建于1953年。1987年12月,为纪念加拿大伟大的国际和平战士蒂尔森·莱孚·夏理逊大夫,经河南省人民政府批准,中华人民共和国外交部备案,将学校命名为夏理逊小学。原外交部部长黄华同志亲自为学校题写校名。学校占地面积25300平方米,建筑面积11311平方米,48个教学班,教职员工143名。学校内修建有夏理逊纪念广场、夏理逊烈士陈列馆,2017年3月由中共开封市委宣传部定为开封市爱国主义教育基地,并对外开放,成为缅怀历史、教育后人、传播友谊的重要纽带。夏理逊小学不仅有随处可见的高品位校园文化,更能让人时刻感受到校园漫溢的快乐气息。

一直以来,学校把"大爱"作为文化标签,以促进师生"成长"为核心,以"夏理逊"为文化发端,熔铸了四种精神文化:大爱之德,让师生以天下为己任,修养广博之爱;至精之业,培养师生止于至善的为学态度,成就学校教育伟业;奉献精神,涵养教师"捧着一颗心来,不带半根草去"的为师风范;和谐文化,让师生心手相依,以和谐凝聚力量,让中华智慧生生不息。

夏理逊小学在80年代初就被授予"河南省传统足球项目学校"称号,2005年被开封市定为女子足球训练基地,2015年被命名为第一批"全国校园足球特色学校"。多年来学校紧紧围绕"快乐足球、快乐成长"的校园足球理念,以足球为平台,形成了浓厚的校园足球文化特色,提升了学校办学品位。

二、梦想——坚守本真绽放生命光彩

教育是与生命一体化的崇高事业,教育的最高价值是帮助人激发生命活力、体验生命乐趣、实现生命价值。学校的使命与梦想就是在正确的育人理念下促进教育价值的实现。正是基于这样一种哲学考量,近年来,夏理逊小学旗帜鲜明地将足球文化作为文化标签,将"快乐足球、快乐成长"作为文化精神,以"足球是教育、足球是文化、足球是生活"作为教育理念,努力解读和破解着教育与生命的一些本原性问题。

学校全面贯彻《学校体育工作条例》,高度重视体育工作,尤其是校园足球工作,始终把实施素质教育和提高学生体质健康水平当作学校体育工作的中心任务来抓,严格按照体育与健康课程标准及有关规定开展体育教学和校园足球工作。学校将校园足球纳入五年发展规划,在学校文化建设中突出体育文化建设,尤其是校园足球文化建设。在每年制订的年度计划中,将足球特色学校建设作为一项长久性工程来抓。学校每学期召开一次校园足球工作会议,在认真研究学校和学生的实际情况的前提下,制订详细计划,做到任务明确、责任清晰、活动内容丰富多彩、活动形式注重创新。体育活动的开展,突出学生的参与性和活动实效性。制定并完善了《夏理逊小学校园足球工作制度》《夏理逊小学校园足球工作三年计划》《夏理逊小学体育教师、教练员岗位职责》《夏理逊小学足球运动代表队管理制度》《夏理逊小学校园足球安全防范管理办法》《夏理逊小学校园足球师资培训计划》《夏理逊小学校园足球竞赛办法》等规章制度,确保学校足球工作全面、健康、和谐发展。

在夏理逊小学,可以徜徉在绿色、健康、文明而充满生机的校园里;可以看到礼爱成习,会做事、敢担当、志向远大的学生三五成群;可以品读博爱于心、执着敬业、乐于创造、追求卓越的教师精神;更能感受爱心洋溢的快乐校园、包容开放的品牌学校带来的活力与幸福。

三、使命——勇立潮头肩负时代担当

当前,"培养什么人、怎样培养人、为谁培养人"是教育的根本问题,这一问题也是每一位教育者需要深思的问题。如何从过度追求教育功利价值转向更加关注生命本身的需要与价值?如何从高度统一的标准化培养转向更加注重个性化和多样化的培养?这些看似宏大的问题,都与学校休戚相关。

"每个孩子都像一颗种子,蕴含着巨大的生命能量,只要能自由地呼吸,自然地生长,一定会灿烂地绽放。"在杜瑾校长眼中,每个学生都是自由和独立的个体,他们有着独特的身心发展规律和巨大的发展空间。为了让学生了解足球知识、参加足球运动、掌握足球技能,培育他们参加体育运动的兴趣,锻炼其意志品质和良好的心态,树立积极、健康的社会形象,学校积极探究校园足球教学模式,大胆进行课堂教学改革和创新,开展足球进课堂活动,将足球教学纳入课程,进行足球课堂教学。每班每周开设一节足球课,根据学生的年龄特点,分班级教授运球、传球、颠球、带球、顶球、射门等足球基本技术,将足球基本技术融入体育教学之中,提高学生参与足球活动的兴趣。足球课已经成为学生最喜欢的体育课之一。

学校每天坚持开展足球大课间活动,编排了足球大课间操,保证学生每天体育活动时间不少于一小时。一二年级学生利用地上的"绳梯"练习多种脚步以及双脚内侧运球,培养足球兴趣;三四年级学生学习带球绕标志桶前进,要求能控制住足球,完成一定数量的标志桶绕行即可,不求速度,只求熟悉球性;五六年级学生开始训练侧身拉球,学习控制球,向左右滚动踩球前进、后退,双脚脚内侧左右触球,要求对球有一定的控制力。通过开展足球大课间活动,足球相关知识、技能的普及力度得到加强。学校成立了由足球专业教师和体育专职教师组成的足球校本教材编辑小组,编写了校本教材。通过不断的实践和反复修改,该教材不但适合学生学习足球知识,掌握足球技能,而且对学生参加课外足球活动也有积极的参考价值。

学校挑选足球特长生分别组建了男女足球社团,每个社团成员不少于30

人,每周上社团课2课时。社团课既是对足球课堂教学的检验,也是对足球课堂教学的升华。队员们在社团课上尽显个人风采,凸显个人技能,张扬个性,施展才华,受到了家长和社会的好评。学校还在大力开展足球社团的基础上,每年组织开展"校长杯"校园足球联赛,学校3000多名学生直接参与其中,共同感受足球比赛氛围。比赛增强了学生对足球运动的兴趣,提高了学生的足球技术水平。

为更好地展示足球活动的开展成果,学校在全员参与的基础上组建了男女足球校队,增加了足球特长生的人数,提升了足球特长生的足球技术水平。通过从各年级足球技巧突出,对足球比赛有浓厚兴趣的队员中选拔、筛选,最终由专项教师负责带领的校队参加各级各类足球比赛,为校园足球文化传播树立榜样,推动校园足球文化发展。每学期开学伊始,就由足球教师及教练员制订详细的训练计划,并按照计划认真做好训练工作。坚持每天下午放学训练,切实提高队员水平。在学期中带领校队成员不断参与区级、市级校园联赛,通过激烈的比赛不断提高队员技术水平,锻炼队员身体,磨炼队员意志。通过拼搏取得的优异成绩不断扩大了校园足球在每一个学生心中的影响力和感召力。

既要顺应时代要求助力教育转型发展,又要立足当下确立自己的办学高地,这就是夏理逊小学的时代担当。学校团队勇立潮头、锐意进取,积极追寻有生命力的教育,不断用自己的智慧谱绘着学校的新画卷,推动办学革新和育人转型。

四、探寻——以文化人激发生命活力

生命的载体是人,"人"的因素一旦被尊重和激活,生命活力便会如潮水般喷涌而出。夏理逊小学以人的自然天性和学生独有的特质为基点,高扬"大爱"旗帜,开创了一条彰显自我特色的发展之路。学校围绕发展战略总目标,进一步丰富"大爱"的文化内涵,在"大爱无疆"核心理念的引领下,实现着"夏小人"的美好愿景——"我们努力,让每一个孩子体验成长的快乐;我们努力,让每一位教师享受教育的幸福;我们努力,让每一位家长收获教育的希望。"足球文化

是校园文化的重要组成部分,学校采取校内广播、板报墙报、文化长廊、主题班会等多种形式,大力宣传足球文化,营造校园足球氛围。现在,学校已经形成了"画足球、舞足球、唱足球、爱足球"的良好足球文化氛围,"人人都参加,班班有球队,年年搞比赛"已经成为校园足球的长效机制,基本达到了学校全员参与足球活动的目标。

学校非常注重足球文化与多学科融合:在语文教研组的精心组织下,各年级进行了足球征文比赛和演讲比赛,并设立一、二、三等奖,通过比赛让更多的学生对足球运动有新的了解,不仅锻炼了学生的语言组织能力,也提高了学生对足球运动的热爱;学校美术教研组每年都要举办足球彩绘、摄影、绘画等活动,使学生以不同方式展示对足球运动的热爱;音乐教研组组织的足球宝贝啦啦操团体赛活泼、新颖、又有活力,让更多的学生加入到足球文化活动中。

小小少年多英姿,绿茵场上展风采。为丰富校园体育文化生活,增强集体凝聚力,促进学生身心健康发展,大力弘扬足球精神,发挥足球育人功能,夏理逊小学每年4月份都要举办为期两周的校园足球文化节,这已经成为夏小师生期盼的盛大节日。文化节人人参与,共享乐趣!瞧,一年级"小画家"们大显神通,用画笔在纸上画出球场上的精彩瞬间——"高高飞起的足球、憨态可掬的守门员、神态各异的足球队员……"将足球比赛热闹的场景描绘得趣味盎然。还有的学生展示自己与足球的合照,与足球成了"好朋友"。二年级开展双脚运球绕障碍接力赛,比赛过程中,队员们你追我赶,不甘落后,不断地调整步伐,运用脚内侧和脚外侧来控制球的方向,快速绕过一个个足球标志桶,然后交接给下一位队员,整个比赛过程既扣人心弦又充满趣味,充分展示了运球、传球熟练的技巧。"足下乾坤尽我掌控,一展风采谁与争锋",三年级开展双脚运球往返接力比赛,心随球动,足随球转,球场上队员们的心紧张而又有力地跳动着,他们个个生龙活虎、意气风发,为了本班的荣誉努力拼搏,展现出足球运动团队协作、拼搏进取的精神。在校园足球文化节中,一年一度的"校长杯"足球联赛最受瞩目,四年级各班在开赛前,就早早开始准备,摩拳擦掌,从足球队员的精挑细选到日常组合练习,从场上战术设计到场下啦啦队的摇旗呐喊,无一不在展示各班团结向上、阳光健康、拼搏进取、蓬勃自信的风采。绿茵场上,激情四溢!

队员们奔跑在球场上,脚下带球,灵活躲闪,瞄准目标,射门得分。每一次精彩的传球,每一次坚定的防守,都彰显着足球队员们的力量和坚韧。五年级的脚内侧射门比赛赛场上,参赛队员们斗志昂扬,在规定距离内依次将足球踢入球门。那娴熟灵活的脚法,灵活自如的控球,引得场边观赛的学生连连叫好。"足下见真章,指上现锋芒",六年级的学生准备好颜料,在白色足球上画上喜欢的图案,大家低头专注于笔尖的描涂,完成属于自己的彩绘足球。绚丽的色彩在笔尖流转,足球的模样渐渐缤纷起来。足球文化节每个精心设计的项目就像夏理逊小学文化乐章中跳动的音符,激荡着每一位夏小学子的胸膛,令人激动万分,久久回味。

每一个成功的背后,都有一段艰辛的努力;每一次拼搏的瞬间,都凝聚着梦想与汗水;每一次精彩的活动,都汇聚了教师与学生的努力。校园足球文化节,不仅丰富了校园文体生活,强化了学生自我锻炼意识,增强了班级凝聚力,也充分展现了夏理逊小学师生朝气蓬勃、拼搏进取、勇争一流的精神面貌,为学校足球运动的发展留下了浓墨重彩的一笔!

五、 坚持——小小足球成就大大梦想

足球运动是广受全世界人民喜爱的一项体育运动,它不仅能强健体魄,更重要的是在足球运动中能够形成积极向上、顽强拼搏、坚韧不拔、永不言败、团结合作的足球精神。我国特别重视足球运动,并提出了"足球要从娃娃抓起"的口号,大力推行校园足球运动。足球已然成为学校体育活动的重要内容,成为学生娱乐健身、团结拼搏和公平竞赛的一大方式。风风雨雨三十载,记录了夏理逊小学足球运动发展的辉煌历程,夏小师生相继用辉煌的成绩回馈了众多关切的目光:张德芳、李红萃、徐开心老师参加开封市中小学优秀学生足球社团评选分别荣获了一等奖、二等奖及优秀指导教师称号;学校女子足球队在"区长杯"足球联赛中一直保持第一名的佳绩;学校男、女足球队在开封市"市长杯"足球联赛中多次荣获一、二等奖;2020年学校荣获开封市中小学"一校一品"(足球)特色校称号;2024年,学校女足一举夺得"市长杯"足球联赛第一名,并代表

开封市参加了"省长杯"足球联赛,获得河南省第六名的好成绩,教练李红萃老师荣获市政府嘉奖个人三等功。

感受足球文化,领悟足球精神;体验足球乐趣,享受教育幸福。夏理逊以足球为平台,通过小足球发展大体育,增强了师生的团队意识,提高了学生的综合素质,形成了深厚的校园足球文化。历经三十年风雨洗礼,夏理逊小学为了团结拼搏的足球梦一直不懈努力着,金灿灿的奖杯与奖牌凝聚了无数人的心血和付出,也成就了今天夏理逊小学响当当的足球特色学校名号。

且思且行,夏理逊小学步履坚定地行进在树立品牌教育的道路上,为灿烂生命奠基,为快乐生活铺路;笃行致远,夏小师生将致力于创建更为深厚的足球校园文化内涵,与快乐相伴,与教育同行!

案例四
加强校园足球文化建设　推进校园足球持续发展

开封市第三十三中学

一、开封市第三十三中学简介

在开封市西南隅,从包公祠向西行百余步,即市立三十三中学,又名至善园。开封市第三十三中学(以下简称三十三中)始建于1974年,至今已有50多年的办学历史,是一所市教育局直属初级中学。学校位于风景秀丽的包公湖畔,环境优美,交通便利。校园占地约26666平方米,现有24个教学班,103名教职工,1380名学生。该校是全国校园足球特色学校,也是开封市唯一一所持续30年始终坚持足球传统特色,大力开展校园足球运动,并以此作为办学特色的学校。

如今,三十三中已经形成了浓郁的校园足球文化氛围,足球特色已经成为该校的一张亮丽的名片。经过长期不懈的努力,学校在2015年被评为"全国青少年足球特色学校";在2016年"我爱足球"中国足球民间争霸赛中斩获河南省青少组第三名;荣获开封市校园足球"市长杯"八连冠;获"2018年度河南省校园足球示范学校"荣誉称号;2019年获河南省校园足球"省长杯"冠军;2023年获河南省校园足球"省长杯"亚军;获第二届全国青年运动会足球项目男子U16组第五名,河南省青少年足球锦标赛初中组第二名,河南省第十三届运动会中学生竞技组足球项目第四名,开封市第十届运动会男子足球初中组冠军,2019中国开封"蹴鞠杯"国际青少年足球邀请赛亚军;2019—2024年河南省校园足球"省长杯"初中男子组一等奖。2017年,学校有2人入选河南省校园足球夏令营最佳阵容,1人入选全国分营最佳阵容;2020年,学校有8人入选河南省校园足球夏令营最佳阵容,并进入全国分营。2021年学校有8名队员入选河南

省校园足球夏令营最佳阵容,并代表河南省赴上海和娄底参加了全国总营集训。2021年6月,开封市人民政府和教育部签约,共同打造全国第一个校园足球"满天星"训练营暨新型足球学校,学校承担了第六营区的建设工作。

三十三中作为开封市较早的省级足球传统体育项目学校,自20世纪90年代起,就将校园足球发展纳入学校发展的重点工作当中,经过几十年的积累,学校已经形成了浓郁的校园足球文化氛围,擦亮了校园足球特色品牌,丰富了校园文化的内涵,树立了校园足球文化特色,对校园足球的热爱洋溢在校园每个角落。

二、加强校园足球文化建设,推进校园足球持续发展

(一)坚持书记管球,加大校园足球推进力度

毫不动摇地坚持和加强党对校园足球工作的领导,健全党管校园足球工作的领导体制机制。党支部书记马波在校园足球事业发展中始终发挥组织统领作用,加强教练员的思想建设,学校德育处、后勤处、办公室、教务处等多部门齐心协力,为校园足球建设提供坚强有力的政治保障和后勤保障。

(二)优先发展足球,打造学校标志性名片

借助校园足球特色学校建设的契机,努力将校园足球打造成三十三中的标志性品牌,把校园足球特色建设工作成效放在重要位置,在教练员评优评先上优先考虑,在食宿、后勤等资源配置上优先安排,在教体结合上优先保障,在资金投入上优先满足,加快补齐足球发展的短板,打破场地的限制,建设全市唯一一个高标准足球场,定期举行例会研究校园足球发展,完善学校足球运动梯队建设和校园足球相关规章制度。

(三)致力足球育人,推进校园足球活动全面开花

围绕校园足球文化建设,深度挖掘足球多元功能和价值,释放足球发展潜

力,让学生了解足球知识,参与足球运动,掌握足球技能,培养参与体育运动的兴趣,锻炼意志品质和良好的心态。树立积极、正面的社会形象是该校开展校园足球活动的目标之一。为此,该校大力开展校园足球教学活动,大胆进行课堂教学改革和创新,学校每班每周开设一节足球课,将足球基本技术融入体育游戏教学之中,提高学生参与足球活动的兴趣。在足球课中,学校要求教师不仅要培养学生的足球运动技能,还要对学生进行足球文化的熏陶,开展礼仪和足球相关知识的教育,让德育贯穿足球运动技术训练的全过程,从而帮助学生形成正确的校园足球价值观,培养学生的团队精神、协作能力、与人交往能力和耐挫抗压能力,引导学生形成敢于拼搏、乐观向上的价值取向及豁达阳光的生活态度。

学校充分利用足球专项教师专业优势,积极开发足球校本教材,同时在教法上进行了尝试,练习中多采用活动性游戏的形式使学生学习、掌握足球基本技术,熟悉比赛规则,提高足球战术水平,增强体质,提高心理意志品质和培养良好的道德作风。

(四)举办多样活动,推进校园足球文化建设更上层楼

该校每年举办"校长杯""少青杯""雷锋杯足球邀请赛"等多种足球比赛,在学校足球比赛期间,利用大课间体育活动、足球主题班会、手抄报比赛、赛事观摩评议等多种形式开展校园足球文化活动。校团委、班主任积极参加各项组织工作,用丰富多彩的活动内容和形式增强校园足球的趣味性,提高吸引力。学生的参与度和积极性都非常高,比赛期间,全校师生人人关注足球,人人参与足球文化活动,使校园足球成了大家共同关注的校园热点事件,形成了浓厚的校园足球文化氛围,为校园足球的持续和健康发展奠定了扎实的文化基础。

(五)注重品德培养,坚持"以体育人"不动摇

习近平总书记指出:足球运动的真谛不仅在于竞技,更在于增强人民体质,培养人们爱国主义、集体主义、顽强拼搏的精神。三十三中以校园足球文化建设为主导,以各级、各类足球文化活动为主体,探索"一个中心、两个根本、三个

意识"的人才培养新理念;坚持以促进学生的全面发展为中心;落实以品德修养和特长训练为根本;培养学生的学习意识、团队意识和规则意识。坚持立德树人根本任务,切实把青少年足球人才培养作为第一要务,不断扩大校园足球的影响力和普及率。该校努力把"雷锋杯足球邀请赛"作为引领,把"班班有球队,周周有足球课,年年有足球赛,人人都参与"作为响亮口号,打造三十三中校园足球文化建设的鲜明特色和典型标志。

(六)加强改革创新,促进中外足球文化交流

该校充分认识到校园足球工作的复杂性、长期性、艰巨性特征,以承办全国青少年校园足球"满天星"训练营暨新型足球学校现场交流活动为重要抓手,以体制机制创新为突破口,探索多元化发展路径,促进中外足球文化交流,提升足球人力资源水平,调动多方力量投入校园足球特色建设。

三、校园足球文化建设的未来发展

建设有浓郁足球文化氛围的校园足球特色学校是三十三中的奋斗目标,在今后的工作中,该校将以更加诚恳的态度、更加积极的心态、更加扎实的作风,争取在最短的时间内将学校的足球文化建设工作打造得更加鲜明、更加具有成效。我们坚信,三十三中的校园足球运动会开展得更好,学生的足球竞技水平会得到更大的提高,该校的校园足球文化建设工作必将带动开封市足球运动的蓬勃开展。

该校将坚持"以特色促教学,以教学提特色"的发展模式,通过丰富多彩的校园足球文化活动,打造了精彩纷呈的校园足球文化,践行实现"足球梦,中国梦"的远大目标,有力推动了校园足球文化建设,促进了青少年体质健康发展。

通过校园足球文化活动的开展,广大学生了解到更多的足球知识,更加牢固地掌握足球运动基本技术。未来的工作中,该校将更加注重培养学生的团队精神、协作能力、与人交往能力和耐挫抗压能力,全方位促进学生的全面发展。

案例五
绿茵迸发活力　足球铸就品格

洛阳市东升第一小学

一、洛阳市东升第一小学简介

洛阳市东升第一小学(以下简称东升一小)建校于1964年,是一所有着70多年历史的国家级体育示范名校。多年来该校以"校风正、学风浓、教风严"的办学特色在广大家长和社会各界享有很高的知名度。目前有3个校区(天津校区、珠江校区、凌云校区),85个教学班、4498名学生、230余名教师。其中国家、省、区、市各级名师60余人。在校园足球工作中,东升一小不断完善各项组织机制,让全体学生参与到足球运动中,在运动中强身健体,锤炼意志品质,培养团队合作意识。该校足球队2001年代表洛阳市少年足球出访日本,获得社会关注与好评。二十多年来,东升一小坚持不懈,不忘初心,在校园足球的沃土中勤劳耕耘,先后获得以下荣誉:洛阳市小学生足球比赛"晨光杯""曙光杯"冠军;洛阳市小学生足球联赛U9、U11、U13冠军;洛阳市女足比赛冠军;2021年获得涧西区"区长杯"青少年校园足球冠军,2022年获得洛阳市"市长杯"青少年校园足球亚军,河南省校园足球"省长杯"第三名。2022年8月东升一小郭世峰教练率领河南省少儿足球夏令营获得全国小学男子组亚军。

二、坚持健康第一,培育足球文化

东升一小校园足球文化活动,旨在通过足球运动,培养学生的团队合作精神、竞争意识和体育精神。该校秉承"健康第一,全面发展"的教育理念,在足球文化熏陶下,使学生的体魄得到锤炼,让学生在享受足球乐趣的同时,培养坚韧不拔的品格。

东升一小校园足球工作已开展二十多年。二十多年来,该校始终坚持健康第一,安全至上,立德树人,模范引领。在师资力量充分保证的情况下,风雨兼程,汗洒绿茵,努力做到足球训练常态化、教学比赛多样化、梯队建设科学化。该校出色举办校园足球"校长杯"班级联赛,积极参加校园足球"区长杯"比赛,努力走向校园足球"市长杯""省长杯"大赛,实现了校园足球四级联赛愿景。在此基础上,该校积极开展各项校园足球文化活动。

(一)"校长杯"足球班级联赛暨足球嘉年华活动

2024年"校长杯"足球班级联赛暨足球嘉年华活动已举办二十届,成为学校校园足球的一张亮丽名片。

(二)足球进课堂

东升一小将足球课纳入课表,每班每周至少一节足球课,普及青少年足球基础,创造足球氛围。

(三)阳光大课间

东升一小将阳光大课间足球操和兴趣游戏活动相结合,在上午、下午各安排一次30分钟的大课间,用音乐串联活动全过程。

(四)足球社团

东升一小不同年级开设4个足球社团,定期开展社团活动,将足球的兴趣培养与实践理论相结合,让学生们充分体验到足球运动带来的快乐。

(五)友谊比赛

东升一小坚持"请进来、走出去"的原则,开展友谊比赛,先后与洛阳市二十多所小学以及郑州、开封、三门峡、西安等地的三十多所学校长期坚持合作比赛和经验交流。

(六) 其他文化活动

东升一小利用宣传栏和横幅、红领巾广播站、升旗仪式、宣传板报等媒介,大力宣传校园足球;通过举办手抄报比赛、学生征文比赛、摄影比赛等文化活动,加强和促进足球运动的广泛传播,营造浓厚的足球文化氛围。

三、多元发展,齐头并进,校园足球文化建设蒸蒸日上

校园足球文化活动不仅关乎学生的个人成长,更与国家的体育事业、教育事业乃至社会发展紧密相联。校园足球是推动体育强国建设的重要载体,是提升国家足球水平的基础。通过普及校园足球,可以培养更多的足球人才。

校园足球文化活动不仅能够培养学生的团队合作精神、领导能力、坚韧不拔精神等品质,同时也可以推动学校体育课程的改革和创新,使体育课程更加符合学生的兴趣和需求,增强体育教学的质量和效果。

(一) 科学组织管理

东升一小校园足球工作一贯坚持一个任务——立德树人;两个保障——组织保障、经费保障;三个到位——领导意识到位、师资力量到位、文化宣传到位;四个强化——训练常态化、比赛多样化、队伍梯队化、教学正规化。

东升一小对校园足球工作高度重视,成立了校园足球领导小组,由校长担任组长,身体力行地指导校园足球的日常工作。副校长和教练员一起参加校园足球专项培训,做校园足球的坚实堡垒。同时定期召开校园足球工作专题会议,将校园足球纳入学校发展规划和年度工作计划,制定了《校园足球工作管理制度》《校园足球工作考核方法》《校园足球训练要求》《校园足球训练应急安全预案》等相关规章制度。学校还将足球明星、外籍教练请进校园,进行足球观摩教学等,有效提高了足球教学的质量。同时,学校还常年坚持每学期举办"校长杯"足球班级联赛,激发学生对足球运动的兴趣和参与足球训练的热情。

(二)专业化保障

1. 硬件设施

为了推进学校体育教育的特色建设,东升一小首先从硬件设施上保证足球教学顺利进行,于 2020 年重新改建了五人制足球场,为学生创造了良好的训练环境;同时注重体育教师的专业化发展,多次组织他们参加国家、省、市级培训学习,为学校体育教育发展奠定了良好的基础。

2. 师资队伍

东升一小现有足球专职教师 5 人。其中,郭世峰主任是校园足球高级指导员、亚足联 C 级教练员,连续三年荣获河南省优秀足球教练员。学校连续七年获得洛阳市校园足球先进单位。2022 年获得青少年足球"市长杯"一等奖、"省长杯"一等奖,2023 年获得河南省足球"最美大课间"一等奖。目前学校共有亚足联 C 级教练员 2 人、D 级教练员 3 人、国家一级足球裁判员 2 人、二级足球裁判员 3 人,他们共同承担了 3 个校区共 85 个教学班的足球教学和训练任务,为普及校园足球打下了坚实的基础。

3. 专项经费

东升一小设有校园足球专项经费,将其纳入学校年度经费预算,将公用经费的一定比例用于校园足球工作,保证校园足球活动的顺利开展。学校现有足球场 3 个,各项训练比赛设备一应俱全。同时,学校还建立了校园意外伤害事故的应急管理机制,为全体参赛足球队员购买了校方责任险和意外伤害险。

4. 强化宣传

东升一小有效利用各种宣传媒介,普及校园足球知识,加强足球运动的宣传,激发学生的爱国热情和民族情感。

(1)宣传栏和横幅:在校园内设置宣传栏和横幅,展示校园足球的口号、标语、图片等,营造浓厚的足球氛围。

(2)红领巾广播站:利用校园红领巾广播站,定期播放与足球相关的内容,如足球知识、比赛预告、球员风采等。

(3)宣传板报:各班级组织足球主题的黑板报、手抄报等,提高学生的参与度和对足球的关注度。

（三）活动内容与形式

1. 足球进入学生课堂

东升一小将足球作为体育课程的重要组成部分，设置专门的足球教学单元，确保每位学生都能接受到系统的足球训练和教育。学校将足球课纳入课程表，每班每周至少上一节足球课，普及足球知识，营造足球氛围。根据学生年龄、技能和兴趣的不同，实施分层次教学，确保每位学生都能得到不同程度的提升。注重足球理论知识的传授，如足球规则、战术分析等，同时结合实践训练，提高学生的实战能力。

校园足球是一项以培养集体主义精神与团队协作精神为目标的集体项目，我校严格实施校园足球"四个一"工程。把小足球课带入学生课堂，把实践与理论相结合，把理论知识深深植入学生大脑，让学生了解更多的足球知识，培养学生对足球运动的兴趣。

2. 足球进入阳光大课间

东升一小阳光大课间的主题是："健康快乐，精彩童年。"阳光大课间活动在每天上午第二节课后和下午第一节课后进行，时间各为30分钟。采用集体活动（如足球操、健美操）和分年级兴趣游戏活动相结合的形式，用音乐串联活动全过程。在自编足球操中，学生每人一个足球，左推右拉，前点后踢，足球在学生脚下如影随形，在锻炼的同时又培养了他们团结协作的精神。伴随着1998年世界杯足球赛主题曲《生命之杯》的响起，足球上下互动，成为学校一道健康向上、拼搏进取的亮丽风景线。

在阳光大课间活动全过程中，要求全体师生人人参与、个个争先，营造生龙活虎、生机勃勃的校园体育氛围，以足球为载体促进青少年学生健康成长，让"健康第一，全面发展""每天锻炼一小时，健康快乐五十年，幸福生活一辈子"的观念深入到每个师生心中，使其用实际行动踊跃参加丰富多彩的体育锻炼活动，在运动中领略体育的魅力，感受体育的美，体会运动的快乐。

为了扎实开展、有效推进校园足球工作，该校一如既往，持之以恒地把每天

阳光大课间活动纳入学校常规检查之中,对各班学生的活动进行不间断评估检查。一方面,督查班主任在岗在位的情况,确保各班活动有组织有秩序有成效;另一方面,能够发现问题、洞察漏洞,确保学生在活动期间的人身安全。

3. 足球进入学生社团

学校不断丰富体育教育的载体,拓展体育教育的途径,开展学生趣味运动会、教师长跑接力、亲子足球赛等活动,形成轻松、活泼、健康、向上的体育氛围。学校充分挖掘教师、家长资源,成立了4个足球社团,开展了丰富多彩的特色社团活动,为学校增添了活力,受到学生和家长的一致好评。

学校足球社团的宗旨是"激情绿茵、欢乐无限"。学校把小足球课的实践与理论相互结合,拓展延伸,充分让学生们体验到足球带来的快乐,给学生搭建更加广阔的平台,凝聚团队的力量。

4. 开展班级联赛暨校园足球嘉年华活动

学校定期组织班级联赛和校际足球交流赛,为学生提供展示自我、锻炼能力的平台,同时增进校际间的足球文化交流。该校每学期都开展班级联赛,每班都组队参加比赛,赛程长达一个月,参赛人数将近700人。班级联赛期间同时举办校园足球嘉年华活动,组织开展包括足球知识讲座、足球电影放映、足球主题班会及其他多样化的足球文化活动,营造浓厚的足球文化氛围。学校还利用假期组织足球夏令营和冬令营,开展丰富多彩的足球文化活动,有效提高了学生的足球认知水平。

四、开展校园足球文化活动的效果与反思

(一) 效果

经过多年的辛勤耕耘,学校坚持以足球育德,以足球健体,让学生们砥砺意志,享受足球的乐趣,提升校园活力。校园足球的发展有力地促进了学校教育教学工作的全面开展。

在上级部门的正确领导和全体师生的共同努力下,东升一小先后获得全国

创新教育实验学校、教育部校本教研示范性学校、河南省首批绿色学校、河南省校园足球网点学校、河南省教育系统先进家长党校、河南省校园足球网点学校、法国巴黎世界和平书画展优胜单位、全国少儿书画大赛暨世界儿童画展先进单位、河南省艺术展演活动一等奖、第四届河南省少儿艺术节优秀组织奖、河南省步步高书法比赛优秀组织奖、河南省牡丹花会优秀组织奖、洛阳市迎花会师生美术作品比赛优秀组织奖；洛阳市首批规范化小学、洛阳市特色学校等多项荣誉称号、洛阳市"晨光杯"足球赛第一名、洛阳市"晨光杯"毽球比赛第一名、洛阳市"晨光杯"篮球赛第一名、涧西区"区长杯"青少年校园足球比赛超级组冠军、洛阳市"市长杯"青少年校园足球比赛一等奖、河南省"省长杯"青少年校园足球比赛一等奖；涧西区体育工作先进单位、洛阳市校园足球先进单位、第七届河南省足球大课间一等奖。

（二）反思与期望

在今后的工作中，该校将进一步把校园足球工作做实、做细、做精，完善校园足球体系，加快足球队伍的建设与开发，加强校园足球文化建设，推动校园足球赛事发展，传承和发展校园足球文化，为学校的持续发展续写新篇章。

案例六
立志传承红色基因 着力发展校园足球

洛阳市洛宁县第一实验小学

一、洛阳市洛宁县第一实验小学简介

崤山脚下、洛水河畔,坐落着一所美丽的小学——洛宁县第一实验小学(以下简称洛宁一小),又名洛宁县翔梧实验小学。迈进新时代,为了深切缅怀李翔梧烈士,进一步加强崇尚英雄、学习英雄的爱国主义教育,激励少年儿童勤学上进,2016年洛宁县委、县政府以"洛宁县第一实验小学"为基础,另选新址投资兴建标准化全日制小学,命名为"洛宁县翔梧实验小学",全力打造红色教育基地。2017年9月,新校区全面竣工并投入使用。洛宁县第一实验小学是洛宁县委、县政府确定的重点民生工程,是该县教体局直属标准化小学。学校按照"教学区、办公区、运动区"三大区域进行打造,总投资3000万元,占地面积31951.08平方米,建筑面积11204.29平方米。学校现有6个年级4006名学生,146名教职工。拥有现代化的多媒体教室、实验室、录播室、音乐室、舞蹈室、图书室、心理辅导室、医务室等。校园内三季有花、四季常绿,是一所环境优美、人文气息浓厚的花园式学校。

办学理念:传承英烈精神 立德博学树人 奠基幸福人生

三风一训:

校风:坚韧笃实 守正启新

教风:慧心启智 善行润德

学风:敏学善思 笃信笃行

校训:红育心田 润泽童年

二、校园足球是教育理念和校园精神的名片

校园足球不仅仅是一项体育运动,更是教育理念和校园精神的一种体现,在学校的教育体系中占据着重要地位。校园足球文化是一种融合体育竞技、团队合作、坚韧不拔精神和健康生活方式的综合文化现象。足球作为一项全球性的运动,具有极高的参与度和观赏性。在校园中开展足球文化活动,能够激发学生对体育运动的热爱,培养他们积极向上的生活态度。通过参与足球比赛,学生们可以养成遵守规则、尊重对手、勇于拼搏的意志品质,这些品质将对他们的一生产生深远的影响。

团队合作精神是校园足球文化的核心价值之一。在足球比赛中,每个队员都有自己的位置和职责,只有通过团队成员之间的密切配合,才能取得胜利。这种团队合作精神可以延伸到学生的学习和生活中,培养他们的协作能力和集体荣誉感。同时,足球运动也能够锻炼学生的身体素质,提高他们的协调能力、反应速度和耐力。在紧张的学习之余,参与足球活动可以让学生放松身心,缓解压力,促进身心健康发展。

为了把对校园足球文化的理解转化为实际的校园足球建设,洛宁一小采取了一系列措施。第一,加强师资队伍建设。学校配备了专业的足球教师,定期组织教师参加足球培训,提高他们的教学水平和专业素养。第二,完善足球设施建设。学校建设了标准的足球场,配备了充足的足球器材,为学生提供良好的足球运动环境。第三,该校还在校园内设置了足球文化宣传栏,展示足球明星的风采、足球比赛的精彩瞬间以及足球历史文化知识,营造浓厚的足球文化氛围。第四,开展丰富多彩的足球活动,让学生在不同的活动中感受足球文化的魅力。

三、"足"下生辉,"球"动活力

在全民健身上升为国家战略的大背景下,体育教育在基础教育中的地位日

益凸显。洛宁一小作为县域内小学教育的排头兵,积极响应上级号召,致力于推动校园体育文化的繁荣发展。足球作为世界第一大运动,其独特的魅力与丰富的文化内涵深受广大学生喜爱。为此,学校开展"'足'下生辉,'球'动活力"校园足球文化活动,旨在普及足球知识,激发学生对足球运动的兴趣,培养学生的团队精神、体育道德和社会责任感,促进学生身心健康发展。

(一)目标设定

(1)普及足球文化。在校园内营造浓厚的足球文化氛围,让每一位学生都能了解并热爱足球运动。

(2)提升足球技能。通过专业训练与比赛实践,提高学生的足球技、战术水平。

(3)培养团队精神。在足球活动中强调团队合作,增强学生的集体荣誉感和团队协作能力。

4. 促进全面发展。将足球运动与德育、智育、美育相结合,促进学生综合素质的全面提升。

(二)组织管理

(1)成立领导小组。学校成立了以校长吴江红为组长,分管副书记李刚为副组长,体育教师、班主任等为成员的校园足球文化活动领导小组。领导小组负责制定活动方案、组织实施、协调各方资源等工作,确保校园足球文化活动顺利开展。

(2)建立规章制度。学校制定了《校园足球文化活动管理制度》《校园足球训练制度》《校园足球比赛制度》等规章制度,明确了各部门、各人员的职责和任务,规范了校园足球文化活动的组织管理。

(3)保障经费投入。学校将校园足球文化活动经费纳入学校年度预算,确保足球场地建设、器材购置、师资培训、比赛组织等方面的经费投入。同时,积极争取社会各界的支持,拓宽经费来源渠道。

(三) 宣传发动

(1) 召开动员大会。学校召开全体师生动员大会,宣传校园足球文化活动的意义和价值,动员广大师生积极参与到校园足球文化活动中来。

(2) 利用多种媒体宣传。学校利用校园广播、宣传栏、微信公众号等多种媒体,宣传足球知识、足球明星、校园足球文化活动动态等,营造浓厚的足球文化氛围。

(3) 开展主题班会。各班级开展"我爱足球"主题班会,通过观看足球比赛视频、讲述足球故事、讨论足球文化等形式,激发学生对足球运动的兴趣。

(四) 参与人员

(1) 学生。全体学生积极参与校园足球文化活动,通过足球课程学习、足球社团活动、班级足球比赛等形式,提高足球技能,培养团队合作精神。

(2) 教师。体育教师负责足球课程教学、足球训练指导、足球比赛组织等工作;班主任积极配合体育教师,组织学生参与校园足球文化活动,做好学生的思想教育和安全管理工作。

(3) 家长。学校积极邀请家长参与校园足球文化活动,如观看比赛、担任志愿者等,让家长了解校园足球文化活动的意义和价值,支持学生参与足球运动。

(五) 活动内容

(1) 足球教学。学校将足球运动纳入体育教学计划,每周安排一定的课时进行足球教学。足球教学内容包括足球基本知识、基本技能、战术配合等,通过课堂教学,让学生掌握足球运动的基本方法和技能。

(2) 足球社团活动。学校成立了足球社团,吸引了众多学生参与。足球社团定期组织足球训练、比赛和交流活动,提高学生的足球技术水平。

(3) 班级足球比赛。学校以班级为单位,组织开展班级足球比赛。班级足球比赛采用循环赛制,每个班级都有机会参与比赛。通过班级足球比赛,增强

班级凝聚力和学生的集体荣誉感。

（4）足球嘉年华文化节活动。学校每年举办一次足球嘉年华文化节活动，活动内容包括足球绘画比赛、书法比赛、足球摄影比赛、足球征文比赛、足球知识竞赛、足球技能展示等。通过足球嘉年华文化节活动，让学生在不同的活动中感受足球文化的魅力。

（六）活动方法

（1）课堂教学与课外训练相结合。学校在足球课程教学的基础上，组织学生进行课外足球训练。课外足球训练由体育教师和足球社团指导教师负责，根据学生的实际情况，制定科学合理的训练计划，提高学生的足球技术水平。

（2）普及与提高相结合。学校在面向全体学生普及足球运动的同时，注重培养足球特长生。对于有足球特长的学生，学校组织他们参加足球社团活动和各级各类足球比赛，提高他们的足球技术水平。

（3）校内活动与校外交流相结合。学校积极组织校内足球比赛和足球文化活动，同时，还与其他学校开展足球交流活动，邀请校外足球教练来校指导，拓宽学生的视野，提高学生的足球水平。

（七）组织形式

（1）班级组织。以班级为单位，组织学生参与足球课程学习、班级足球比赛等活动。班主任负责组织学生，做好学生的思想教育和安全管理工作。

（2）社团组织。学校成立足球社团，由体育教师和足球社团指导教师负责组织社团活动。足球社团成员通过选拔产生，主要是对足球运动有浓厚兴趣和一定基础的学生。

（3）学校组织。学校统一组织足球文化活动、校内足球比赛和校外交流活动。学校领导小组负责活动的策划、组织和协调工作，确保活动顺利开展。

（八）活动特色

（1）全员参与，普及足球运动。学校积极营造浓厚的足球氛围，让全体学生都能参与到校园足球文化活动中来。通过足球课程教学、班级足球比赛等形式普及足球运动,提高学生的足球技术水平和身体素质。

(2)文化育人,彰显足球教育价值。学校在开展校园足球文化活动的过程中,注重弘扬足球精神。通过足球文化节、主题班会等形式,让学生了解足球运动知识,学习足球明星的拼搏精神,培养其团队合作意识、坚韧不拔的意志品质和良好的体育道德风尚。

(3)特色课程,提升足球运动水平。学校开设了足球特色课程,由专业的足球教师进行教学。足球特色课程内容丰富、形式多样,包括足球技术训练、战术配合演练、足球比赛赏析等,有效地提升了学生的足球水平。

(4)家校合作,推动校园足球发展。学校积极邀请家长参与校园足球文化活动,加强家校合作。家长可以观看比赛、担任志愿者等,共同推动校园足球文化活动的发展。同时,学校还通过召开家长会、发布微信公众号推文等形式,向家长宣传校园足球文化活动的意义和价值,争取家长的支持和配合。

四、 校园足球文化活动的效果与反思

(一) 活动成效

(1)学生方面。通过参与校园足球文化活动,学生的身体素质得到了明显提高,足球技能和技术水平也有了很大提升。同时,学生的团队合作意识、坚韧不拔的意志品质和良好的体育道德风尚得到了培养,为他们的全面发展奠定了坚实的基础。

(2)教师方面。教师在组织和指导校园足球文化活动的过程中,专业素养和教学能力得到了提高。同时,通过与学生的互动交流,增进了师生感情,促进了教育教学工作的开展。

(3)学校方面。校园足球文化活动的开展,丰富了学校体育教育的内容和形式,提升了学校的办学品位。学校在各级各类足球比赛中取得了优异成绩,赢得了社会各界的广泛赞誉。

(二) 活动反思

(1) 活动的覆盖面还有待扩大。虽然有不少学生参与了比赛和训练,但仍有一部分学生因为各种原因未能参与。如何让更多的学生享受足球的快乐,是今后需要思考的问题。

(2) 活动的组织和管理还有提升空间。例如,部分比赛的时间安排不够合理,导致学生在学业和活动之间感到压力;有些比赛的组织管理略显混乱,影响了比赛的顺利进行。这些都是未来需要改进的细节。

(三) 未来努力方向

(1) 进一步加强组织管理。学校将继续加强对校园足球文化活动的组织管理,完善各项规章制度,确保活动的顺利开展;同时,加强与上级部门、社会各界的沟通协调,争取更多的支持和帮助。

(2) 不断提高活动质量。学校将不断创新活动形式和内容,提高校园足球文化活动的质量和水平;加强师资队伍建设,提高教师的专业素养和教学能力;加强足球场地建设和器材配备,为学生提供更好的活动环境。

(3) 深入推进家校合作。学校将进一步加强家校合作,邀请更多的家长参与校园足球文化活动;通过召开家长会、发布微信公众号推文等形式,向家长宣传校园足球文化活动的意义和价值,争取家长的支持和配合。

(4) 积极推广足球文化。学校将积极推广足球文化,让更多的人了解足球、热爱足球;通过举办足球文化节、足球交流活动等形式,传播足球文化,促进校园足球文化活动的可持续发展。

总之,洛宁一小在开展校园足球文化活动方面取得了一定的成绩,但也存在一些不足之处。在今后的工作中,学校将继续努力,不断创新,推动校园足球文化活动向更高水平发展,为培养德、智、体、美、劳全面发展的社会主义建设者和接班人做出更大的贡献,把洛宁一小建成名副其实的窗口学校、品牌学校、特色学校,使其成为洛宁县义务教育希望天空中一颗璀璨的明星!

案例七
倡导快乐足球　打造活力校园

洛阳市实验中学

一、洛阳市实验中学简介

洛阳市实验中学创办于1969年,是洛阳市首批实验性、示范性初中,也是洛阳市义务教育均衡发展的成功实践者、示范引领者。学校现有两个校区,学校本部位于西工区中州中路182号,东校区位于西工区中州中路211号。近年来,洛阳市实验中学先后获得"全国体育工作示范校""全国青少年校园足球特色学校""市青少年校园足球活动先进学校"等荣誉称号,获得全国、省、市级荣誉近200项。学校体卫艺工作连续15年获得"市级体艺卫工作先进"称号。成绩的取得,离不开学校领导班子的高瞻远瞩、运筹帷幄。

从2013年开始,在校党委书记叶剑锋领导下,该校紧紧围绕深入贯彻落实《中国足球改革发展总体方案》,成立学校足球工作领导小组,明确由副校长符洪峰分管体育工作,全面组织开展校园足球各项活动,不断提升全校师生对校园足球的认识水平、理论水平和技术水平。

该校足球队曾多次参加市级、省级、国家级各类比赛,近年来获得市级联赛一等奖10次冠军5次,省级联赛一等奖5次,其中2024年河南省"省长杯"青少年校园足球冠军赛初中男子组一等奖为最新成绩。该校在重视足球活动开展的同时也没有放松对文化学习的要求,每周组织足球队员集中文化课补习,外出比赛时配备文化课辅导老师,全力做好学生的学习保障工作。

二、营造足球文化氛围,打造校园足球品牌

足球以其独特的魅力和广泛的影响力,在全球范围内引起了无数人的热爱。在洛阳市实验中学的校园内,足球文化活动正如火如荼地开展,为学生们带来了无尽的欢乐。这些活动不仅丰富了学生们的课余生活,也提高了他们的身体素质,更培养了他们的团队合作精神、竞争意识和坚韧不拔的品质。

洛阳市实验中学一直致力于全面发展学生的综合素质,注重学生的体育教育和文化培养。足球作为一项具有广泛群众基础和高度竞技性的运动,成为学校开展校园文化活动的重要选择。学校拥有良好的体育设施和师资力量,为开展校园足球文化活动提供了坚实的基础。

此外,随着国家对校园足球的重视和推广,洛阳市实验中学积极响应号召,将校园足球文化活动纳入学校发展规划,围绕普及足球知识,提高学生对足球运动的认识和兴趣,培养学生的足球技能,提高校园足球水平;通过举办足球文化活动增强学生的团队合作意识和竞争意识,营造浓厚的校园足球文化氛围,丰富校园文化生活;依托足球比赛不断促进学生的身心健康发展,以帮助学生树立良好品德,培养坚强的意志品质为活动目标,努力打造具有特色的校园足球文化品牌。

三、开展多彩足球活动,创建足球文化环境

(一)组织机构与职责分工

为确保校园足球文化活动的顺利开展,洛阳市实验中学成立了专门的校园足球工作领导小组,负责活动的组织和协调工作。学校书记担任组长,分管副校长担任副组长并负责学校足球工作的全面开展,包括制定计划、协调资源、监督执行等。体育教师负责组建班级足球队,进行日常训练和比赛指导,同时负责足球课程的教学工作。班主任协助体育教师,做好班级足球队的组建和管理

工作,鼓励学生积极参与足球活动。器材管理员负责足球器材的采购、管理和维护,确保训练和比赛所需器材的充足和完好。

(二)宣传活动

(1)利用校园广播、宣传栏、微信公众号等平台,广泛宣传校园足球文化活动的意义、内容和要求,营造浓厚的活动氛围。

(2)召开主题班会,向学生们介绍校园足球文化活动的具体内容和安排,鼓励学生们积极参与。

(3)发放《致家长的一封信》,向家长介绍校园足球文化活动的情况,争取家长的支持和配合。

(三)普及校园足球活动

(1)将足球纳入体育课程,确保人人参与,保证每周至少有一节足球课。编写适合本校学生的足球教材,使足球教学更加规范化、系统化。

(2)组织体育教师参加足球培训,提高教师的教学水平。聘请专业足球教练来校指导教学和训练。

(3)成立足球社团,吸引有兴趣的学生参与。定期组织社团内部的比赛和交流活动,提高学生的足球技术水平。

(4)每年举办一次校园足球联赛,以班级为单位组队参赛。设立奖项,激发学生的参赛积极性。

(5)利用校园广播、宣传栏等宣传足球知识和足球明星故事。开展足球主题的征文比赛、绘画比赛等活动,丰富校园足球文化活动形式。

(四)着力打造特色足球大课间活动

(1)学校结合学生数量、场地设施等具体情况,将足球大课间分为跑步和足球活动体验两部分,并以年级为单位,在上午、下午两个大课间轮换进行,上午9:40—10:10,下午5:05—5:30。其中足球活动体验部分以班级为单位,在指定的场地区域内进行,其内容又分为灵敏协调训练、球感训练、有球技术训练

和足球游戏。

（2）足球大课间坚持科学性与教育性相结合。遵循学生身心发展的规律，遵循运动负荷的变化规律，根据季节的变化适时合理地安排大课间活动内容及活动量，使活动符合人体运动的变化规律，不断提升学生的身体素质和足球文化认知水平。

（3）坚持愉悦性和实效性相配合，将足球融入游戏中并进行特色创编，让学生在欢快优美的乐曲声中，踏着轻松的节拍自由地活动，把健身寓于快乐之中，使学生享受足球运动的乐趣。

游戏是传承足球文化的有效载体，是体验足球魅力的独特途径。洛阳市实验中学足球大课间活动中安排了许多足球游戏的内容，帮助学生通过游戏感受足球运动的快乐，促进身心健康发展。游戏的内容及形式如下。

活动一：足球游戏："红绿灯"+"抢滩登陆"

本游戏为足球带球技术的练习方法。游戏一：学生平均分为四组，每人一个足球，在规定区域内自由带球，根据指导教师手中所给出的"信号灯"（标志盘）做出相应动作（"红灯"用脚踩住球停在原地，"绿灯"快速地变向带球，"黄灯"将球踩住停留两秒后继续带球）；游戏二：场地四角有颜色相同的红绿两个区域（由标志盘摆出），根据指导教师手中所给出的颜色，快速选择颜色相同区域进行"占领"。

活动二：游戏"抓尾巴"

本游戏主要锻炼学生的灵敏素质和观察能力，模拟比赛有球和无球时对同伴和对手位置的观察能力。场上每位同学将号衣的一半塞入身后的裤子中，另外一半露出，成为自己的"尾巴"。游戏开始后，每位学生都要在保护好自己"尾巴"的同时，去将别人的"尾巴"抓掉，在追捕过程中互相之间不能有任何的身体对抗。"尾巴"被抓掉的同学要将号衣交给场下等待的学生轮换上场。

活动三：球感练习

本游戏是足球初学者增强球性、球感的基础练习方法。每位学生人手一个足球，在规定的场地内进行踩球、拉球、磕球练习，练习过程中可以原地练习或移动练习，但不准走出场地范围。

活动四：步梯练习

本游戏是足球训练中发展灵敏素质的常用练习方法。将参与学生分成四个小组，在对应步梯后排成四路纵队，依次按照指定的动作通过步梯，接着将足球按指定的方法打入球门，随组学生抱球跑至队尾等待练习。

活动五：传球游戏：时光隧道

本游戏是足球教学中提高传球技术的常用练习方法，目的在于通过游戏提高学生传球的准确性及快速性。以班级为单位将学生分成人数相等的四组，设置端线和中线，从端线开始各组人员站成一排，两腿分开，保证足球能从两腿中间通过而不碰到，第一名学生用脚将球从第二名学生胯下通过所有学生踢到最后一名学生脚下，最后一名学生快速抱球跑至最前端继续刚才动作，依次衔接，直到到达底线，以全部学生通过底线作为评判，最快组为获胜组。

活动六：小步操

小步操主要以跑步的形式开展，可以广泛锻炼到学生腿部、手部、腰腹部的肌肉，有助于强健体魄，提高免疫力，保持身体的健康状态。小步操是一项集体运动，能体现集体的精神面貌，需要队伍中每个学生的协调配合。在这个过程之中，大家步调一致、团结统一、跟着音乐节奏有序行进、不跑快不掉队，能增强集体意识，对班级凝聚力的提升大有效用。

（四）校园足球班级联赛

（1）举办校园足球班级联赛，以班级为单位组队参赛。联赛采用小组循环赛和淘汰赛相结合的方式，决出冠亚季军。比赛过程中，学生积极参与，展现出顽强的拼搏精神和良好的团队合作意识。

（2）设立最佳射手、最佳球员、最佳门将等个人奖项，以及道德风尚奖、优秀组织奖等集体奖项，鼓励学生积极进取，发扬体育精神。

（五）校园足球主题征文与绘画比赛

（1）开展足球主题征文比赛，让学生用文字表达对足球的热爱和感悟。征文比赛要求主题明确，内容积极向上，体裁不限。学校组织专业评委对参赛作

品进行评选,评选出一、二、三等奖和优秀奖,并将优秀作品在校园内展示。

(2) 举办足球主题绘画比赛,鼓励学生用画笔描绘足球场上的精彩瞬间和足球文化的魅力。绘画比赛要求画面美观,富有创意,色彩鲜艳。学校组织专业评委对参赛作品进行评选,评选出一、二、三等奖和优秀奖,并将优秀作品在校园内展示。

(六) 举办校园足球文化节

(1) 在校园内举办足球文化节,设置足球游戏区、美食区、表演区等。足球游戏区设置了各种有趣的足球游戏,如足球射门比赛、足球接力赛等,让学生在游戏中体验足球的乐趣。足球美食区提供各种美食,让学生在品尝美食的同时,感受足球文化的魅力。足球表演区则有学生自编自演的足球主题节目,如足球舞蹈、足球歌曲等,为足球文化节增添了欢乐的氛围。

(2) 邀请家长和社区居民参加足球文化节,加强学校与家庭、社区的联系。家长和社区居民可以观看比赛、参与游戏、品尝美食,与学生一起感受足球文化的魅力。足球文化节不仅是学生的盛会,也是学校与家庭、社区交流互动的平台。

(七) 活动保障

(1) 师资保障:学校配备专业的体育教师和足球教练,负责足球技能培训和比赛指导。同时,邀请专业足球人士来校开展讲座和培训,提高活动的质量和水平。

(2) 场地保障:学校拥有标准的足球场和足球训练设施,为活动的开展提供了良好的场地条件。

(3) 经费保障:学校设立校园足球文化活动专项经费,用于活动的组织、宣传、奖励等方面,确保活动的顺利开展。

(八) 活动评估

(1) 制定活动评估指标体系,对活动的组织实施、学生参与度、活动效果等方面进行评估。

（2）定期开展学生问卷调查和座谈会，了解学生对活动的满意度和意见建议，及时调整活动方案。

（3）对活动中表现突出的个人和集体进行表彰和奖励，激励更多的学生积极参与活动。

四、开展校园足球文化活动的效果与反思

（一）活动效果

1. 学生方面

（1）提高了学生对足球运动的认识和兴趣，增强了身体素质。通过参加足球知识讲座、技能培训和比赛等活动，学生对足球运动有了更深入的了解，掌握了一定的足球知识和技能，身体素质也得到了明显提高。

（2）培养了学生的团队合作精神和公平竞争意识。在足球比赛中，学生需要相互配合、团结协作，才能取得胜利，这对培养团队合作精神很有帮助。同时，比赛也激发了学生的公平竞争意识，让他们在竞争中学会勇于进取，建立规则意识。

（3）丰富了学生的课余生活，陶冶了学生的情操。校园足球文化活动为学生提供了一个丰富多彩的课余生活平台，让他们在足球文化活动中释放压力，放飞自我，陶冶情操。

2. 学校方面

（1）营造了浓厚的校园足球文化氛围，丰富了校园文化生活。通过开展足球知识讲座、展览、比赛等活动，学校营造了浓厚的校园足球文化氛围，丰富了校园文化生活，提升了学校的办学品位。

（2）提高了校园足球水平，为学校赢得了荣誉。通过开展足球技能培训和比赛等活动，学校的校园足球水平得到了明显提高，在各级各类足球比赛中取得了优异的成绩，赢得了荣誉。

(3)加强了学校与家庭、社区的联系,促进了家、校、社的合作与发展。通过邀请家长和社区居民参加足球文化节等活动,学校加强了与家庭、社区的联系,形成了学校、家庭、社区三位一体的教育合力,促进了家、校、社的相互合作与共同发展。

(二)活动反思与期望

(1)充分利用校本研究课程,大力开发学校现有的足球运动资源,各班级建立足球队,全面开展足球训练和竞技活动,定期开展相关校园足球活动,提高学校足球的整体实力。每学期各校区举行一次校园足球班级联赛,每学年开展一次校级联赛。充分利用图书馆、阅览室、读书角和各种媒体,使学生不断获得新的足球知识和娱乐方法,营造良好的校园足球环境和氛围。

(2)继续坚持"做有生命力有未来的教育"的教学理念,着力推动足球运动在学校的开展和普及。加大训练的力度,集中优势培养出更多的高水平足球运动员,提高在全市、全省乃至全国的竞争力和比赛名次。

(3)加强师资队伍建设。充分利用学校足球专项教师的优秀资源,加强其业务强化培训,使其思想素质、业务素质不断提高,为学校足球工作带来更好的发展。

(4)加强场地、设施、器材保障。学校现有标准8人制足球场1个、9人制足球场1个,器材配备齐全。3年内该校将对现有的场地进行高规格的修建,争取建成高标准的足球场地,提高学校的硬件设施水平,为足球活动开展提供更好的场地器材保障。

(5)加大经费投入。从实际出发,多渠道筹集资金,确保各项校园足球活动的正常运行和开展。

校园足球在该校有着广泛的群众基础,为学生提供了一个展示自我、锻炼自我的平台,让他们在足球运动中收获了快乐和成长。相信在学校领导的高度重视和全体师生的共同努力下,该校校园足球文化活动将不断创新发展。学校将积极构建高层平台,大力实施素质教育,努力彰显体育特色,对照高标准,瞄准新目标,为校园足球的持续健康发展做出更大的贡献。

案例八
做"足"特色 以"球"育人

漯河市临颍县南街学校

一、漯河市临颍县南街学校简介

漯河市临颍县南街学校（以下简称南街学校）是一所九年一贯制学校，创立于1991年，由县教育局直接领导，旨在为周边学生提供优质的教育资源。南街学校总投资近7000万元，现有48个教学班，在校学生总数达到2900余名。

南街学校拥有一支高素质的教师队伍，共计182人。省级学术技术带头人6人，省级优秀教师3人，省级名师4人，省级骨干教师22人。

在体育教学方面，南街学校特别注重校园足球的发展。拥有5名足球专项教师，他们不仅具备吃苦耐劳、勤学苦练和扎实的专业基本功，更拥有无私奉献、敬业爱岗的精神。南街学校定期开展体育教学研究，提高体育教师教学技能，并为他们争取外出参加相关培训的机会，以满足普通体育教学和足球教学工作的需求。

南街学校拥有标准化的400米塑胶田径场、篮球场、排球场、羽毛球场等多样化的运动场地，以及丰富的体育器材。这些硬件设施为各类体育项目训练提供了良好的条件，特别是足球训练方面，南街学校配备了专业的足球训练设施和师资力量，为学生的全面发展提供了有力保障。

南街学校先后荣获"全国教育系统先进集体""全国青少年校园足球特色学校""省文明校园（标兵）""首批河南省五育并举实验学校""首批河南省中小学生社团特色学校培育对象"等荣誉称号。在2024年的漯河市"市长杯"青少年校园足球比赛中，小学男子足球队荣获亚军、初中男子足球队荣获第四名、初

中女子足球队荣获第四名,展现了学校足球训练的成果和实力。

二、培育校园足球文化,促进学生全面发展

足球的魅力不仅在于激烈的竞技场面,更在于它能磨炼意志、锤炼品格、强健体魄,对促进青少年健康成长具有深远影响。南街学校作为一所拥有深厚足球底蕴的学校,自建校以来,坚持"以球立德、以球健体、以球促智、以球育美"的办学特色,在传承和发展中重塑球类课程价值,让足球成为以体育人的重要途径,引导学生在体育锻炼中享受乐趣、增强体质、健全人格、磨炼意志,实现德、智、体、美、劳全面发展。

(1) 为了培养学生的足球兴趣,南街学校采取了多种策略。从定期的足球比赛到常态化的足球训练,再到丰富多样的足球文化活动,这些都旨在激发学生对足球的热爱。

(2) 团队精神的培养是校园足球文化建设的重要组成部分,南街学校通过组建足球队和足球社团,让学生在实践中体验团队合作的力量。

(3) 竞争精神的培养同样不可忽视。足球运动中的激烈对抗,既是对学生技术和战术水平的考验,也是对他们心理素质的锻炼。

(4) 自我管理能力在足球运动中同样至关重要。南街学校通过定期的足球训练,引导学生养成良好的训练习惯和自律精神。参加足球训练营或夏令营,更是对学生自我约束和自我管理能力的一次全面提升。

自1992年起,南街学校已成功举办了多次足球文化节,这一活动不仅成为学校的传统项目,更成了学校的一张亮丽名片。依托足球文化节,南街学校精心打造了足球精品课程,不仅丰富了校园体育文化,更在学生心中种下了一颗热爱足球、热爱运动的种子。

三、激情绿茵,校园足球文化节青春飞扬

(一) 活动目的

1. 背景介绍

在当前教育体系中,体育活动作为学生全面发展的重要组成部分,承载着培养学生团队精神、增强体质和丰富校园文化生活的使命。特别是足球运动,作为全球最受欢迎的体育运动之一,其在校园中的普及和发展对于提升学生的身体素质和团队合作能力具有重要意义。校园足球文化节的举办,旨在通过一系列精心设计的活动,激发学生对足球运动的热情,同时促进校园体育文化的繁荣发展。

2. 活动目的

举办校园足球文化节的主要目的是通过足球比赛和足球文化活动,增强学生的体质健康,培养团队合作精神和竞争意识,同时通过足球文化的推广,提高学生对足球运动的认识和兴趣,为校园体育文化建设注入新的活力。

(二) 活动策划

1. 活动主题确定

校园足球文化节以"激情绿茵,青春飞扬"为主题,旨在通过足球文化节这一平台,展现学生的青春活力,培养学生的团队合作精神。活动主题的确定以学生的兴趣点和校园文化的特色为依据,力求打造既有趣味又有意义的体育赛事。

2. 目标群体分析

活动的目标群体主要是学校的在校学生,尤其是足球爱好者和足球社团成员。通过对历年校园足球文化节的参与数据进行分析,南街学校发现,大约有30%的学生积极参与足球相关活动,而70%的学生则表现出不同程度的兴趣。因此,活动特别设计不同难度级别的比赛和互动环节,以吸引更多学生的参与。

例如,设置初级、中级和高级三个级别的比赛,确保不同足球水平的学生都能找到适合自己的舞台。

3. 活动内容设计

(1)足球比赛。组织校际足球友谊赛,吸引多个学校的队伍参赛。比赛采用小组赛加淘汰赛的形式,最终决出冠军队伍。此外,比赛还设有"最佳射手""最佳守门员"等个人奖项,以表彰表现突出的球员。

(2)足球知识讲座。邀请省足球队教练进行关于足球技术和战术的公开课讲座。讲座中,教练结合自己的亲身经历和丰富的比赛经验,深入浅出地讲解足球运动的精髓,受到学生的热烈欢迎。

(3)足球技能实训。举办多种技能实训,如控球训练、射门技巧等,由专业教练进行指导,帮助学生在实践中提升足球技能。每种技能实训限报名30人,以确保每位参与者都能得到充分的指导和练习机会。

(4)足球文化活动。每个学期都开展以足球为主题的绘画比赛、手抄报比赛、摄影比赛、书法比赛、作文比赛、演讲比赛等丰富多彩的活动。通过绘画活动,增强学生对足球的认知和对足球活动的喜爱,逐步利用足球运动增强自身体质,培养拼搏进取、团结协作的体育精神。

4. 时间安排

活动从筹备到结束共计持续一个月时间。具体时间线如下。

第1周:活动策划和宣传启动。

第2周:报名和选拔参赛队伍。

第3周:开展赛前训练和技能实训。

第4周:举行正式比赛和讲座。

第5周:举办颁奖典礼和文化展览。

(三)活动实施

1. 参与人员

(1)组织结构。

活动由南街学校体育部门牵头,成立了专门的活动组委会,下设策划组、宣传组、赛事组和后勤保障组。策划组负责整体活动的构思和方案设计；宣传组负责活动的对外宣传和信息发布；赛事组负责比赛的具体安排和现场管理；后勤保障组负责场地布置、安全保障和物资供应。各组之间协调合作，确保活动的顺利进行。

（2）工作人员与职责。

策划组：由音美组和学生会成员组成，负责活动的创意构思、方案制订和流程设计。

宣传组：由学生会成员组成，负责活动宣传材料的制作，以及社交媒体的运营和更新。

赛事组：由体育组和学生会成员组成，负责比赛的规则制定、赛程安排和现场裁判工作。

后勤保障组：由学生会成员和志愿者组成，负责场地的布置、器材的准备和维护、安全保障以及现场秩序的维护。

2. 准备工作

（1）场地与设施准备。为确保活动的顺利进行，南街学校提前一个月确定将学校的主体育场作为比赛场地，并对场地进行必要的维护和安全检查。租借专业的足球门架和标志桶，以适应多场比赛的需求。此外，为了保障夜间比赛的照明，安装临时灯光设备。

（2）物资准备。根据实际情况添置足够数量的足球、球衣、护腿板等比赛必需品。同时，为了确保比赛的公平性，所有比赛用球均由组委会统一提供。宣传材料（如海报、横幅和活动手册等）也已提前印制完毕。

（3）人员分工。活动组织团队分为策划组、宣传组、赛事组和后勤保障组。每个组都有明确的职责分工，例如宣传组负责活动的对外宣传和社交媒体更新，赛事组负责比赛的具体安排和裁判工作。

3. 活动执行

（1）开幕式。开幕式在学校主体育场举行，由校长致辞，随后是精彩的啦啦操表演，为活动营造热烈的体育文化氛围。

（2）各项子活动执行。足球比赛按照预定的时间顺利进行，每场比赛都有

专人负责计时和记录比分。技能实训和讲座也按计划开展,参与者积极互动,反馈良好。在图书馆内持续展出足球文化展览,每天都有志愿者负责讲解和引导参观。

(3) 闭幕式及颁奖典礼。在最后一场比赛结束后,举行闭幕式和颁奖典礼。除了对优秀个人和集体颁发奖杯和证书,还为所有参与者颁发纪念品,以表彰他们的参与和努力。在闭幕式上,校长对活动进行简短的总结,并播放活动精彩瞬间的视频回顾。

4. 活动宣传

(1) 宣传渠道选择。通过播放校园广播、发布官方微信公众号推文、张贴海报等多种渠道进行宣传,确保信息覆盖到每一位学生。特别是在食堂和宿舍区等人流量大的地方设置宣传点,发放活动手册和小礼品吸引学生关注。

(2) 宣传材料制作。宣传材料包括精美的海报、精彩的活动预告视频以及详细的活动日程表。所有宣传材料均由专业的设计团队制作,以确保视觉效果的统一性和专业性。

(3) 社交媒体运用。利用社交媒体的力量,在学校的官方微博和微信上发布活动信息,并通过学生大使在各大社交平台上分享活动动态,扩大活动的影响力。

(四) 活动成效

1. 参与度分析

每次活动可吸引超过2000名学生的关注,其中直接参与比赛、实训和讲座的学生达到1500人次以上。通过问卷调查发现,在参与的学生中,有95%的学生表示对活动的整体安排感到满意或非常满意,85%的学生表示愿意推荐此类活动给同学和朋友。此外,活动期间,学校的官方微信公众号粉丝增长显著,显示出活动在提升学校体育文化知名度方面的积极作用。

2. 媒体与公众反响

活动颇受校外媒体的关注,当地媒体对活动进行报道,强调活动的创新性和学生的积极参与度。许多家长和校友表达了对学校体育文化建设的支持和肯定。

3. 达成目标评估

根据活动策划阶段设定的目标,南街学校进行如下评估。

(1) 增强学生体质健康。通过比赛和技能实训,学生的体能和足球技能是否得到了提升。

(2) 培养团队合作精神。比赛中的团队协作和策略运用是否得到了加强,学生之间的沟通和协作能力是否得到了锻炼。

(3) 推广足球文化。文化展览和讲座是否提高了学生对足球历史和文化的认识,是否激发了他们对足球运动的兴趣。

(五) 评估与反馈

1. 内部评估报告

活动结束后,组委会将对活动进行内部评估。评估报告需显示:活动的组织流程顺畅度、各项预定目标的达成度,以及学生的参与度和满意度。同时,报告还要关注需要改进的地方,例如部分比赛的时间安排与学生的课业时间之间的冲突等。

2. 外部评价收集

通过在线问卷和面对面访谈的方式,收集来自学生、教师和家长的反馈。

(六) 反思与展望

1. 足球文化氛围日渐浓厚。校园足球文化活动整体上取得了成功,不仅增强了学生的体质和团队合作精神,而且有效地推广了足球文化,丰富了校园文化生活。通过一系列精心策划的比赛、讲座和展览,吸引了大量学生的参与和关注,同时也得到了校友和家长的积极评价。尽管存在一些组织和时间安排上的不足,但这些问题提供了宝贵的经验和教训。

2. 在地区内发挥了榜样作用。南街学校的校园足球文化建设在区域内已经有了一定的知名度,很多学校纷纷到校进行参观学习和经验交流。一次次的观摩交流活动,不仅是对学校阶段性工作的充分肯定,更成为学校下阶段工作

的支持动力。

3. 促进了家校沟通与合作。目前,南街学校除拥有96支朝气蓬勃的学生足球队外,还拥有一支实力雄厚的家长足球队。随着一场场足球比赛的深入开展,足球运动作为一种良好的情感黏合剂,促进了家校的和谐沟通与相互合作。

4. 对未来活动的建议。针对活动的经验和收到的反馈,建议未来的校园足球文化活动应该更加注重时间的合理安排,避免与学生的课业时间冲突。同时,应该扩大宣传范围,采取更多创新的宣传手段,以吸引更广泛的学生群体参与。此外,还应增加更多互动性和体验性的环节,如设置观众互动游戏、开展校园足球明星评选等,进一步提高活动的吸引力和参与度。

总之,校园足球文化活动是一种有益、积极的校园文化活动,它不仅促进了学生身心的健康发展,也为校园文化的多元化发展做出了贡献。我们期待未来南街学校能够举办更多此类活动,不断探索和完善,使校园足球文化成为学生生活中不可或缺的一部分。

案例九
筑牢足球文化根基　活跃校园文化生活

漯河市实验中学

一、漯河市实验中学简介

漯河市实验中学始建于1994年，是漯河市一所公办示范性初级中学，学校现有泰山路、邙山路两个校区，一体化办学成效显著，是全市教育系统唯一的河南省文明单位标兵单位、全国文明校园、河南省"五一"劳动奖状获得者，也是漯河市首批全国校园足球特色学校。

全校共有63个教学班，4200余名学生，255名在职教师。漯河市实验中学始终坚持立德树人、五育并举，坚决贯彻党的教育方针政策，坚持社会主义办学方向，为党育人，为国育才，培养德、智、体、美、劳全面发展的社会主义建设者和接班人。漯河市实验中学一直以来以校园足球为突破口，大力开展学生阳光体育运动，全面提升学生身体健康素质，足球、篮球、羽毛球、乒乓球、游泳等项目在全市比赛中多次夺冠。

2015年，漯河市实验中学被命名为全国青少年校园足球特色学校，学校领导高度重视校园足球工作，成立了以学校校长为组长的漯河市实验中学校园足球领导小组，小组成员包括学校教导处主任、体卫艺处主任、体育教师和班主任。校园足球领导小组主要负责建立健全校园足球工作的相关制度，规划学校校园足球发展方向，组织学生开展各项校园足球文化活动。近年来，漯河市实验中学不断加大校园足球活动场地、训练器材等硬件设施的建设力度，保证了体育活动和校园足球工作的正常开展。通过积极争取资金，漯河市实验中学建成了漯河市首个校园灯光球场，保证了学生有足够的活动场地和时间进行日常

训练,并满足了开展校园足球比赛的需要。学校足球队不负众望,自建队以来多次匹克获得市级比赛冠军,代表漯河市参加省级比赛也取得了优异的战绩。

二、营造足球文化氛围,领悟足球运动魅力

漯河市实验中学作为"全国校园足球特色学校",在紧抓足球运动普及率的同时,还十分注重校园足球文化建设,为营造健康向上、奋勇拼搏的校园足球文化氛围,不断推进校园足球建设和发展,展现和激发学生的足球梦想,形成"踢好球、学好习"的良好氛围,夯实足球特色学校品牌。学校深耕校园足球的文化内涵,积极推进校园足球的纵深发展,深化五育并举,发展核心素养,培养学生对足球运动的兴趣。学生不仅要掌握足球技能,还要了解足球历史、足球文化,通过参与足球运动,培养顽强拼搏、团结协作、坚持不懈、勇往直前的体育精神。

漯河市实验中学在学校校园足球工作中深刻认识到,校园足球文化是一种软实力,是学校发展的重要动力之一,它体现着学校的共同价值和师生的共同情感。漯河市实验中学坚持"以人为本、健康第一"的理念,每年举办一次足球节活动,设计一次足球嘉年华,举行一次班级联赛,并提出"以球启智、以球育美、以球育德"的校园足球文化主题,通过校园足球与美术、音乐、语文等的跨学科融合,借助以校园足球为主题的手抄报制作、班徽班服设计、啦啦操表演等形式,调动更多学生参与足球活动的积极性,让学生体验足球运动的乐趣。

(一)以球启智,激发兴趣

开展校园足球工作之初,漯河市实验中学将校园足球文化活动的重点放在对"校园足球活动开展如何让教师、家长、学生接受并支持"的方法途径探索上,以足球明星、足球俱乐部为切入口,带领教师、家长和学生亲历班级、校园足球环境的创设过程,参与到各种足球主题的文化和体育竞赛活动中,从而逐步产生对足球的兴趣并积极融入其中。

1. 了解足球知识

学校图书馆为教师和学生提供了介绍足球发展历史和世界著名足球明星

成长故事的书籍,使师生在通过阅读书籍认识足球的同时,也对足球明星所在的足球俱乐部和他们参加过的重要赛事了解一二。之后,漯河市实验中学组织各班开展了一次"足球知识大比拼"的竞赛活动,通过足球知识抢答、球星姓名竞猜、球星和俱乐部队连连看、球星趣事我来说、足球俱乐部队徽拼拼乐等游戏,帮助师生加深对足球文化相关知识的认知。

该校还开展了一系列的足球文化活动帮助学生丰富足球知识。政教处组织每个班级开展了以足球知识为主题的班会活动,内容包括足球场的秘密、球员服装与装备、球赛规则我知道、裁判手势大揭秘、世界杯知识知多少等。

2. 营造文化氛围

为了营造校园足球文化氛围,各班通过学生投票的方式,成立了班级足球俱乐部,并制作足球俱乐部的旗帜、徽章、服装、班级球星图片、足球玩偶等物品,在各班内建设足球角。学生在教师的指导下收集制作了介绍本班足球俱乐部信息的小海报,并在班级之间进行了交流和介绍。一时间,校园内形成了浓厚的足球文化氛围,班级成功"变身"为"足球俱乐部",学生争做俱乐部讲解员,在家里给家人讲解,班级间互相参观时为其他班的学生讲解,学校有接待活动时讲解员们还会为"客人"讲解。在不断地聆听与表达中,学生的足球知识更加丰富,口语表达更加流畅,也更加自信。

3. 开展多种活动

漯河市实验中学将足球有机融入学生的日常活动中,足球大课间活动有运球、传球等各种足球练习,学生每周上1节足球课。该校还挑选有足球天赋的学生组建了校足球队,每周开展2~3次训练。每周日下午,校足球队在教练员的带领下到其他学校踢友谊赛。漯河市实验中学每年还开展一次足球文化节活动。丰富多彩的足球文化活动让学生有更多机会接触足球,使他们在玩足球、踢足球的过程中喜欢上足球运动。

（二）以球育美，提升质量

1. 绘出足球梦

在漯河市实验中学校园足球文化节手抄报绘画比赛中，学生经过认真的构思与创作，交出了一幅幅生动形象的手抄报作品。这些作品主题突出，色彩协调，设计新颖，美不胜收；版面内容丰富，涵盖面广，涉及足球的起源和发展史、足球故事、足球运动的作用、足球精神以及当代足球明星等。一幅幅精美的手抄报，凝聚着学生的智慧和心血，展示了学生较高的艺术修养、审美情操、文化底蕴，也充分培养了他们的创新思维和实践能力。

2. 抒发足球情

漯河市实验中学通过校园足球征文比赛，引导学生深入了解足球文化，提升写作能力，鼓励学生从不同角度和层面书写与足球相关的文章，如足球故事、足球精神、足球比赛体验等。学生围绕足球主题，搜集了解了很多相关知识，记录了很多发生在校园足球班级联赛中的故事，用文字表达了对足球运动的热爱和对班级荣誉的珍视。在写作的过程中，足球文化、足球精神在学生心中生根发芽。这不仅是学生展示才华的舞台，更是其提升综合素养、追逐绿茵梦想的契机。

3. 跳出足球风

在漯河市实验中学校园足球啦啦操比赛现场，各班啦啦操队员们满怀热情，为绿茵场上的足球运动员献上了一场活力四射的啦啦操表演。她们以饱满的热情随着音乐节奏跳跃、旋转、摆臂，青春洋溢的舞步充满力量与美感，不仅为现场观众带来了一场动感十足的视觉盛宴，更向在赛场上奋力拼搏、挥汗如雨的足球运动员表达了鼓励与支持，同时也展现出实验学子的青春风采和精神面貌。

（三）以球润德，提升素质

为了在校园中普及足球运动，让每名学生都能参与其中，充分发挥校园足球立德树人、健全人格、锤炼意志的作用，着力培养学生积极进取的体育精神，漯河市实验中学所有班级每周都有1节足球课,保证足球的基本内容能够在稳定的课堂教学中有效达成。为了确保上课的质量,学校要求体育教师在课前编写教案,制订符合学生身心发展的科学合理的教学计划,通过足球教学培养学生健康的行为习惯和体育品德。在做好足球普及工作的同时,进一步提高教学质量。除了本校体育教师外,该校还聘请了3名俱乐部D级教练员进行足球教学。

1. 科学开展训练

漯河市实验中学所有班级均有1支班级足球队和1支班级啦啦操队,班级足球队和班级啦啦操队每队10人左右。无论是校足球队,还是班级足球队,都有自己的队名和队旗,所有足球队员都至少有1套足球装备(包括球鞋、印有名字和号码的服装、球袜、护腿板等)。足球训练不仅培养了队员们的足球技能,还使他们学会了遵守规则、勇敢拼搏和团队协作,进一步增强了体育精神。

2. 组织足球联赛

结合校园足球文化节,漯河市实验中学每年组织一次"校长杯"班级足球联赛,比赛过程非常精彩。赛场上,足球队员相互配合,奋勇拼搏;赛场下,观看的学生加油助威,呐喊声此起彼伏。班主任、家长一会儿在现场指挥,激情澎湃,一会儿受比赛情景带动或掌声雷动或跺脚捶胸。中场休息时,啦啦操队员将欢快、优美的啦啦操演绎得淋漓尽致,成为赛场上一道亮丽的风景。班级足球联赛促进了学生足球水平的提高,培养了学生的体育品德,营造了"人人有足球,班班有球队,周周上足球课,年年有足球赛"的校园足球文化氛围,使全体师生沉浸其中,乐在其中,受益良多。

学校还将比赛结果公布在学校微信公众号上,做到及时动态报道足球活动,交流工作经验,展示特色成果,使家长也能了解足球运动,从而支持学生参与足球运动。

三、加强文化交流活动,夯实足球文化根基

为了加快提高足球队员的技术水平,本着"走出去、请进来"的原则,漯河市

实验中学从多方面和外校建立联系,积极参加市级、省级足球比赛。比如组织学生参加校园足球冬令营活动,到广东梅州同客家队 U15 梯队进行交流比赛;在市教育局和市体育局的支持下,成功举办了 2024 年"体彩杯"足球邀请赛,邀请周边地市足球代表队到漯河比赛、学习等。

一系列训练和竞赛活动的开展,让越来越多的学生在足球运动中强身健体、拼搏进取。漯河市实验中学开展校园足球文化相关活动,不仅是让学生简单地了解一些足球知识和学一些足球技术,更是让学生享受足球带来的快乐,在训练、比赛的过程中,培养学生一生受用的好习惯,锤炼学生的意志品质,让学生懂礼仪、守规矩、强身体、增智慧。

通过校园足球文化活动,学生在绿茵场上挥洒青春、展现自我,用行动表达对足球的热爱和对梦想的追求。学生走进了足球的世界,了解了足球与多学科融合的知识,营造了浓郁的校园足球文化氛围,进一步推进了学校足球文化建设的进程。学校将以此为契机,继续推动校园足球的发展,让更多的学生参与到这项运动中来,快乐学习、快乐体验、快乐成长!

案例十
发挥足球育人功能　着力足球文化建设

新乡市高新区新一街中学

一、新乡市高新区新一街中学简介

新乡市高新技术产业开发区新一街中学（以下简称新一街中学）是新乡市高新区管委会投资1.6亿元兴建的一所现代化九年一贯制公办学校，于2019年9月投入使用，目前共有96个教学班，在校生4800余人，在职教师303人。

学校占地面积约81亩，总建筑面积4.2万平方米，建有400米标准跑道、室外足球场、三层风雨操场，室内设有专业化篮球、排球、羽毛球、乒乓球等场地，室外建有1个综合健身区、5个篮球场、13个乒乓球台。其中11人制标准足球场、力量房、更衣室、淋浴房等硬件设施一流，足球器材数量多、品种全，满足了足球日常训练和比赛的需要。专业化的运动设施为学生搭建成长舞台，让学生爱上运动，健康成长。

学校开办五年多来，荣获"全国青少年校园足球特色学校""全国青少年足球人才培养改革试点"等多项荣誉称号。学校把为党育人、为国育才作为根本目标，以特色校园足球工作为切入点，坚持"以'球'育人、全面发展"的目标，围绕"五个建设"（制度建设、硬件建设、团队建设、课程建设、活动建设）扎实全面开展足球特色工作，把足球作为校园体育的主阵地，发挥校园足球的育人功能，营造校园足球文化氛围，注重校园足球文化建设，将足球活动融入学校"润"课程体系，形成了"以'球'健体、以'球'启智、以'球'润德、以'球'展美"的体育发展特色和以足球为龙头，排球、篮球、乒乓球等齐头并进的良好局面。

二、铆"足"干劲,以"球"育人

(一)理念领航,追逐梦想

为全面深化"以'球'育人",推进足球和教育事业改革发展,新一街中学把校园足球融入教育体系之中,结合国家政策和本校实际,制定了"145"足球育人体系,即:1个目标(以球育人、全面发展)、4个途径(以球润德、以球健体、以球启智、以球展美)、5个支撑(制度支撑、硬件支撑、团队支撑、课程支撑、活动支撑),推动学生文化学习和体育锻炼协调发展,帮助学生在体育锻炼中享受乐趣、增强体质、健全人格、锤炼意志,让校园足球引领学生实现美好梦想。

(二)领导重视,加强保障

新一街中学高度重视学校体育和学生体质健康,按照《体育与健康课程标准》及有关规定开展体育教学和校园足球工作,将校园足球确定为全校体育的重点工作,上升为"学校战略"。建立以校长为组长、副校长为副组长、各部门中层领导为各部部长、体育教师和班主任为组员的校园足球工作组织架构,将校园足球工作纳入学校发展规划和年度工作计划进行"顶层设计",统筹安排各项工作并持续推进。

新一街中学成立了校园足球工作领导小组,设置校园足球办公室,专门负责实施校园足球工作,专门为足球训练提供足球场、力量训练房、更衣室、淋浴房等,为体育教师和足球教练提供良好的工作环境,加强足球教练和体育教师业务培训,不断提高足球教练和体育教师的业务水平。凡是大型外出交流或比赛,学校至少派一名校级领导带队,全程保驾护航。

三、"足"下生辉,"球"得发展

(一)完善制度建设,让校园足球发展有依据

校园足球一直是新一街中学的重点工作,为确保学校校园足球特色工作有序扎实地开展,新一街中学制定并完善了一系列相关制度,如《新一街中学校园足球教育教学管理制度》《新一街中学校园足球安全防范措施与保障制度》《新一街中学校园足球师资培训规章制度》《新一街中学课余训练和竞赛制度》《新一街足球特长生招生方案》。在学校的体育工作专项经费中,该校设置校园足球专项活动经费,总额不少于当年生均经费的3%,每年投入经费用于采购器材、场地维护、学生外出比赛、教练员费用等,使校园足球的发展切实得以落实。

(二)加强硬件软件设施,让校园足球发展有底气

新一街中学的体育场地建设坚持高质量、高标准,条件一流,在确保场地设施、器材配备达到国家标准的同时,备齐足球及基本训练器材数量,建立了明确的装备补充机制,定期增加足球装备,可随时承办各级各类高标准的11人制、8人制足球比赛。

新一街中学在足球场边布置大型足球彩绘墙、足球雕塑、足球明星长廊等凸显足球文化的设施,定期对足球场草坪进行维护,每年对局部草坪破损严重区域翻修补种,以利于课余训练和校园足球的普及运用。

(三)培养团队力量,让校园足球发展有内涵

教师是组织开展校园足球文化活动的骨干力量,在校园足球文化建设过程中具有重要作用。为充实校园足球师资力量,新一街中学大胆创新走社会化、专业化合作道路。

一方面,新一街中学坚持"请进来,走出去"的足球教师培养模式,积极与社会足球培训机构联系,引入专业力量强化对足球教师的训练。学校除现有的专

职体育教师外,还和校外足球俱乐部合作,聘请优秀的足球教练团队为学生上课,为足球俱乐部提供独立的办公室,使其与本校教师共同办公、共同教研,大大提高了学校体育教师的专业化水平,实现了合作共赢。同时,学校定期对足球俱乐部、专职体育教师进行考核,考核内容包括教师在校的教学情况、参加足球比赛的运动成绩以及足球活动开展的辐射度和参与度等,极大地促进了足球教师的工作热情。

另一方面,新一街中学为教师创造参与各级各类培训的机会,不断为教师的教育教学注入先进理念和新鲜活力。2019年12月—2024年1月,多位足球教师先后外出参加各类校园足球培训。2024年7月31日—8月6日,派张豪老师赴西北师范大学参加2024年全国青少年校园足球师资国家级专项培训线下培训。2021年10月,派张豪、于庆、刘彦宏等3位老师到新乡辉县参加新乡市校园足球教练员裁判员(中级)培训班。

这两种培养模式,都为足球教师掌握最新的训练思想与理念,提升学校足球工作水平,培养更优秀的足球队员,提高球员竞技水平打下了良好的基础。

(四)夯实足球课程,让校园足球发展有支撑

1. 纳入必修课程,加大教学力度

为确保校园足球工作有序开展,按照国家要求,新一街中学开足开齐体育课,保证学生每天一小时校园体育活动,并把足球作为体育课的必修内容,每周用一节体育课进行足球教学;在体育课程中增加足球教学内容,将足球运动纳入大课间和课外活动,组织全体体育教师与校外专业足球教练研修校本足球教材,保障每周足球课正常开展;以班级为单位组建足球队,邀请专业的教练进行指导,让学生在专业的指导下学习足球技巧和战术。

2. 开设选修课程,拓宽学习渠道

新一街中学开设足球选修课(每周二、周四下午第三节课),设立足球长训班,根据学生的年龄和生理特点,组织学生学习运球、传球、踢球、顶球、射门等基本技术、简单的战术和规则,将足球基本技术融入体育游戏教学之中,提高学生参与足球活动的兴趣;设立足球社团,在课后服务期间,根据学生意愿,按照

足球、篮球、乒乓球、羽毛球、田径、跆拳道等进行分类,在课后服务社团中融入多样化的体育运动社团。其中,足球社团因其趣味性、专业化的授课广受学生欢迎,足球事业风生水起,得到了社会的关注和好评。

(五) 举办各类活动,让校园足球发展有宽度

1. 以球润德,培养优良品质

足球作为一项竞技运动项目,既需要整个团队的通力合作,又需要每个队员遵守一定的球场规则。学校开展丰富多彩的足球文化活动,不仅可以让学生在活动中学会尊重、学会合作、学会拼搏,培养集体精神、集体责任感和爱国情怀,还可以依托足球联赛营造的足球文化氛围丰富校园体育文化。

2. 以球健体,铸就强健体魄

新一街中学将足球作为育人核心课程,充分利用现有师资、场地设施等,形成了"每班有球队、每周有活动、每年有比赛"的良好氛围。学校自2019年举办"润能杯"校园足球联赛以来,每年举办1届,目前已成功举办了5届。虽是校级赛,但学校严格按照国际足联最新审定的5人制、8人制足球比赛规则进行比赛。

各年级每学年进行1次循环赛,采用单循环比赛制,以积分制的形式进行排名。每班为一队,本班学生自由上场,可随时上场,每轮比赛始终保持场上有3男2女共5名队员。循环赛共需进行约11轮,可实现班级内部全员参与。通过循环赛,每班球员在球场上的奔跑控球、运球盘带等各种动作,提高了学生的动作协调能力、反应能力以及身体素质,让学生的身体形态、身体机能等在实际比赛中得到锻炼和加强。

3. 以球启智,点燃智慧火花

强健的体魄是学习的基础,学生凭借在足球运动中形成的健康体质,更能促进其智育良好发展。足球场上,变幻莫测的赛事考验着球员的智慧;新一街中学在开展足球课程教学中,通过战术分析、策略讲解、攻防实操等方式引导学生思考问题、探究问题、解决问题,点燃学生智慧的火花。

同时,足球联赛也是选拔优秀球员,为校足球队输送新鲜血液的一大途径。

学校高度重视足球人才的培养和输送工作,以全国青少年足球人才培养改革试点为依托,精心选拔足球人才,建立足球人才培养实验班,对球员进行分层教学,实现高质量练球、高效率学习。实验班实行晋升制度,采取每季度考核、每学期淘汰的方式,有效选拔精英队员。2024年,该校2名学生升入省级示范性高中的足球特色实验班,为高层次的足球队伍输送了优秀人才。

4. 以球展美,感受足球魅力

新一街中学开展丰富多彩的足球文化活动,如足球黑板报活动、足球征文活动、足球绘画活动、足球观赛活动等,让学生见识更广阔的天地。2022年卡塔尔世界杯、2024年中国女足超级联赛、新乡市"市长杯"青少年校园足球联赛等大型比赛期间,新一街中学组织学生通过网络直播、现场观赛等方式,让学生身临其境地感受足球运动的魅力,了解足球运动之美。

"润能杯"足球联赛期间,学校将班级分为高年级组和低年级组。高年级组班级组织进行以"为足球喝彩"为主题的黑板报评比活动,各班级在教室的黑板上尽情创作,为班级足球队加油助威,展现足球的力量。低年级组班级组织进行足球绘画活动,让学生发挥想象力,将足球绘成五彩斑斓的宝藏,用画笔描绘出大大的足球梦想,足球之美跃然纸上。

四、立"足"现状,谋"球"未来

校园足球是学校五育融合、多元育人的重要组成部分。我们的愿景是:不仅要培养功底扎实、水平突出的竞技性体育后备人才,更要培养众多喜欢踢球的工人、农民、教师、医生、企业家……在他们成为各行各业的杰出人才后,足球也将成为他们终身运动锻炼的主要方式和重要技能,更成为他们珍爱生命、健康生活的理念和积极进取、拼搏奋斗的价值观的重要体现。

新一街中学作为教育部命名的"全国青少年校园足球特色学校",将牢记为党育人、为国育才使命,直面现状,反思不足,踏踏实实做好育人工作,务实求真搭建足球运动平台,在现有基础上,以足球运动为载体,打造更加鲜明的校园足球文化特色,普及足球运动知识和技能,增强学生体质健康,创新校内班级足球联赛新赛制,让更多学生到足球运动中来,为学生的发展提供更广阔的平台,为培养优秀足球后备人才贡献应有的力量。

新一街中学将持续点燃学生的足球激情,培养学生的团队精神和公平竞赛意识,促进健全人格的形成;更加重视校园足球教师队伍建设,加大师资培训,不断提高体育教师和足球教练的业务水平,充分调动教师的积极性,为校园足球工作的开展提供有力保障;尊重学生的个体差异,为他们提供多样化的足球培训课程,进行梯队培养,满足不同学生的需求;鼓励足球教师开展足球运动的教育教学研究和科研探索,总结反思多种可行的教育教学和训练方法,申报足球科研课题,探讨交流科研成果,推动校园足球工作向纵深发展。

习近平总书记说,"希望同学们把足球爱好保持和发展下去,在足球运动中感受集体力量、体验运动乐趣、强健身体素质,希望通过发展校园足球成长一批优秀足球运动员"。愿全体校园足球人共同努力,创造更好的明天!

案例十一
小足球"种"大梦想 文武兼修育栋梁

新乡市红旗区种德小学

一、新乡市红旗区种德小学简介

河南省新乡市红旗区种德小学(以下简称种德小学)始建于2018年,为六轨制公办小学,总建筑面积近2万平方米,现有46个教学班,在校学生2545人,教职工121人,其中,硕士研究生学历11人,省级名师1人,省、市、区级骨干教师16人,体育教师8人(含3名足球专项教师),全部教职工为本科及以上学历。学校硬件设施完善,专设2块7人制标准室外足球场地,另有室内风雨操场供在特殊天气条件下进行足球训练使用。学校准确把握校园足球制度和治理体系的方向,始终牢记为党育人、为国育才的初心使命,在"五育互育,多元融合"方针的指引下,以"种德"特色校园足球工作为切入点,把足球作为校园体育的主阵地,"文"以修身养德,培养学生的合作意识和进取精神;"武"以强身健体,发展学生的体育技能和体育能力,形成了"以体铸魂、以体固本、以体凝神、以体润情、以体立身"的体育发展特色,以小足球"种"出大梦想,培养文武兼修的国家栋梁。

二、明确方向,逐梦足球

(一)理念为光,照亮足球之路

为了更好地发展学校的足球事业,种德小学校自建校起,就结合国家政策,制订了"一核心(以全面培养足球运动兴趣为核心)、两突破(人人有球踢、时时能踢球的突破,一批小球星一次辉煌赛的突破)、三结合(足球运动与教学常规相结合、足球运动与习惯养成相结合、足球运动与文化建设相结合)"的足球活动方针,积极开展规范化、系列化、多样化的足球活动,打造丰富多彩的足球文化。

(二)制度为盾,护航足球征程

种德小学制订《种德小学足球场地使用规章制度》《种德小学足球教练员管理制度》《种德小学足球队管理制度》等规章制度,明确足球教练员的职责范围和具体要求,将足球教练员绩效考核与职称评定挂钩。将开展体育教育教学、足球训练或活动计入体育教师的工作量,保证体育教师在评优评先、工资待遇、职务评聘等方面与其他学科教师享受同等待遇。同时,激励优秀运动员,对于品学兼优、运动能力突出的运动员,种德小学建立一人一档,对其进行各项指标的跟踪管理,制订《种德小学足球队选拔制度》《种德小学足球队员集训制度》《种德小学足球运动员奖惩制度》等。各项规章制度的建立使专项工作有例可循、有制可依。

种德小学还制订了《校园足球例会制度》:每月由分管校长负责,召开足球例会,会议讨论总结前一阶段的学校足球校队队员学习与训练情况,集中处理出现的问题,反思总结,确保其学习与训练无后顾之忧。

(三)领导掌舵,共铸足球辉煌

种德小学建立校园足球领导小组,李灵利校长为总负责人。同时,选派学生处、教务处及安全办的中层副职全面配合学校足球队队员的学习、日常行为、安全及生活保障等方面的工作,形成多方发力、齐抓共管的格局。

三、坚实保障，璀璨起点

(一) 规划蓝图，点亮足球梦想

种德小学将足球工作纳入《2020—2025种德小学发展五年规划》，对学校足球运动的发展进行了详细规划和明确要求，通过家庭—学校—社会联合共育，形成"人人懂足球，人人会踢球，人人爱足球"的校园足球文化氛围。

(二) 设施精良，夯实物质基础

作为一所新建校，种德小学坚持高起点、高标准建设体育设施。走进校园，标准化的7人制足球场映入眼帘，两个足球场面积为3400平方米。种德小学还有1个长200米的标准塑胶跑道；1个面积为400平方米的室内风雨操场。一流的体育场地，齐全的体育器材，充分保障了校园体育活动的有序开展。种德小学还将在原有的场地基础上，设计建设1个地下室内训练馆，确保让更多的学生在特殊天气条件下也能进行体育运动。

(三) 师资雄厚，引领足球未来

种德小学除现有的足球专项教师外，还和校外"中原之星"足球俱乐部合作，聘请俱乐部的优秀足球教练为学生上课，并为其提供办公室，与本校教师共同办公、共同教研，大大提高了学校体育教师的专业化水平，实现了合作共赢。同时，种德小学对足球教练、足球专项教师进行考核，考核内容包括他们在校的教学情况、参加比赛的运动成绩以及足球活动开展的辐射度和参与度等，极大地激发了他们的工作热情。

四、活动多样，共筑足球梦想

让每一位"种德人"都爱上足球，了解足球运动，成为一个球迷，是学校足球工作的目标。种德小学充分尊重每一名学生,根据学生具体情况因材施教:针对身体素质强健的学生,让其进行足球训练,组成男足、女足在球场上挥洒汗水;针对对足球感兴趣但无法系统训练的学生,让其积极参与足球文化活动,为此还进行了精心策划与安排,设立了裁判组、摄影组、绘画组、演讲组、征文组、宣传牌设计组、后勤保障组、医疗组、啦啦队等,让全体师生在足球的世界里尽情抒发心声、讲述故事、增强技能、享受乐趣、捕捉精彩、描绘梦想、寄托情感,以此达到种德师生"人人懂足球,人人会踢球,人人爱足球"的目的。

(一)上好足球课,点亮成长路

从足球进校园到足球必修课,种德小学在改革中不断以新的文化观念促进学生更好、更优地成长,用校园足球推动素质教育的全面推进。

1. 保障教学时间,激发运动活力

种德小学严格按照国家《义务教育课程方案和课程标准(2022年版)》所规定的课时要求开足、开齐体育课,保证学生每天一小时校园体育活动,保障学生体育运动时间,并确保一二年级每班每周开设4节体育课(含1节足球课)、三至六年级每班每周开设3节体育课(含1节足球课)。目前该校实行的大单元备课,是把足球课统一集中起来上。此外,为保障学生的足球活动时间,每天下午4点半到5点组织班级挑战赛,使学生以赛促练。教师通过大单元备课,保证足球课有质量、有实操、有指导。

2. 丰富课程资源,编制校本教材

种德小学组织体育教研组和足球专项教师,在认真学习、领会精神的基础上,根据《全国青少年校园足球教学指南(试行)》,依照学生年龄特点和学校实际,开发了具有学校特色的足球校本教材《小足球,"种"梦想》,满足了校内开展足球教学活动的需要。

(二)激发足球兴趣,营造环境氛围

1. 社团添活力,课后服务优

在课后服务期间,种德小学根据学生意愿,按照足球、篮球、乒乓球、羽毛

球、田径、跆拳道等分类,在课后服务社团中加入多样化的体育运动社团,其中,足球社团因其趣味性和专业性广受学生欢迎,这让校园里充满了体育的活力与魅力,得到了社会的关注和好评。

2. 联赛展魅力,家校共参与

种德小学自2019年举办"校长杯"校园足球联赛,每年1届,目前已成功举办了5届。虽是校园比赛,但种德小学严格按照国际足联最新审定的5人制、8人制足球比赛规则进行比赛。近几年来,种德小学通过"亲子足球赛""藕爸足球赛""爸爸队与校队的足球揭幕赛""师生足球赛"等多种形式,努力营造联合育人优质环境。学校鼓励全员参与,除每班选拔15名左右的足球运动员、其他学生作为啦啦队员外,很多家长被聘为班级教练员,大力开展足球班队训练。一场比赛,学生、家长、教师全参与,极大地提高了班级凝聚力和集体荣誉感。除了学生的比赛,2014年学校还开展了爸爸足球赛,种德藕爸们在赛场上你争我抢,你攻我防,种德荷妈们在赛场边摇旗助威、加油呐喊,种德老师和莲宝德娃们敲锣打鼓、喝彩鼓劲,足球的魅力感染着现场的每一个人。藕爸们不仅给学生树立了良好的榜样,更让学生零距离感受到了"坚持与热爱"的力量。一届"校长杯"足球联赛,诞生了种德的小球星,也诞生了若干画足球、讲足球、写足球、做足球、庆足球、观足球的小明星。这也将是种德娃们美好"体育梦"的开端。

3. 主题活动多,特色成效显

种德小学经常开展以足球为主题的校园文化活动,如足球摄影展、绘画展、作文展、演讲比赛等,让全体师生能抒足球心、说足球事、竞足球技、享足球乐、摄足球彩、绘足球梦、寄足球情。建立基于互联网的校园足球信息平台,动态报道足球活动、交流工作经验、展示特色成果。

种德小学定期开展"挑战吉尼斯"主题专栏,将足球联赛冠军、颠球高手、射门能手等进行展示,并且在"荷田田"广播站定期播报各班的足球活动,在学校各个角落充分融合足球元素,向学生展现足球的魅力。

种德小学积极评选足球特色班级,扎实开展班级联赛,做到"班班有球队、周周有比赛"。鼓励有天赋、有潜力的学生参与足球训练、培训和比赛,并积极向上级特色学校及各级各类足球优秀运动队输送人才,为学生提高足球竞技水平和运动能力创造条件。

在各级各类足球活动中,学生逐渐明白如何遵守规则、如何依靠队友、如何尊重对手、如何面对失败、如何面对胜利等,以小足球为杠杆,撬动了学生发展的大梦想。

(三)文化环境佳,足球氛围浓

"让学校的每一面墙都会说话",体育课程包含着丰富的"五育"要素,能发挥"以体带全"的功能。校园里,"以球健体、以球促智、以球育人"的标语引人注目;教室外,足球架上一直放着学生们的足球,黑板报上讲述着学生和足球的故事;校史馆内,摆放着各种各样的比赛奖状、奖杯……这所太行山下、牧野东畔的种德小学,足球元素布满校园。学生通过足球不仅实现了德育、体育共同发展,还看到了更广阔的世界。

(四)砥砺前行,满载荣誉

自建校以来,种德小学开展了一系列足球工作,取得了一定的成绩。2021年,学校足球队在"2021年红旗区'区长杯'校园足球联赛男子乙组"比赛中获得冠军;在"2021年新乡市'市长杯'校园足球联赛男子乙组"比赛中获第四名;在河南省2021年"嵩皇杯"五一青少年足球邀请赛获得乙组亚军。2022年,学校足球队获得"2022年红旗区获得'区长杯'校园足球联赛男子乙组"比赛冠军、"2022年新乡市'市长杯'校园足球联赛男子乙组"比赛亚军、"河南开封'一诺杯'邀请赛"冠军。2023年,获得新乡市"市长杯"校园足球联赛男子超级组和男子乙组比赛双冠军。2024年,代表新乡市参加"省长杯"青少年校园足球比赛获得季军。同时,种德小学校足球队积极参加省内外的各项赛事,如许昌的"莲花杯"、济南的"菁腾杯"、苏州的"足球小将2034杯"等校园足球比赛等,同时,还经常和各地市的兄弟单位进行友谊教学比赛。

五、科学规划,笃行不息

足球项目有其发展规律,需要长期精心耕耘,不能急功近利。种德小学始终坚持教学是基础、竞赛是关键、体制是保障、育人是根本的发展理念,打牢教学根基,完善竞赛体制,凝聚多方力量,全面发挥校园足球的育人功能。悉心培育校园足球的沃土,既需要"不抛弃不放弃"的决心,也需要学校、家庭、社会等形成"众人拾柴火焰高"的合力。学生在赛场上学到什么,中国的未来就是什么。坚守"踔厉奋发,笃行不息"的信念,全面推进校园足球文化建设不断发展。

案例十二
扎根足球培育梦想　深耕文化育人沃土

郑州经济技术开发区实验小学

一、郑州经济技术开发区实验小学简介

郑州经济开发区实验小学（以下简称经开区实验小学）围绕立德树人根本任务，致力学生德、智、体、美、劳全面发展。从建校之初，该校即着手组建校园足球队，短短四年初见成效。十几载努力拼搏，学校培养了一批又一批足球人才，让一大批孩子带着足球赋予的能量，开创了自己精彩的人生，正所谓：乘足球之风，行向远方；运足球之势，前路坦荡。

经开区实验小学是经开区管委会投资兴建的第一所小学，于 2006 年 8 月建成，现有教师 113 人，现有学生 2680 人。学校配备了 200 米环形跑道和 60 米直跑道的标准操场，7 人制足球场 1 个、5 人制足球场 1 个，标准篮球场 3 个，排球场 1 个。在"乐学乐行、唯实唯新"办学思想引领下，学校以培养"德智双修、身心双健的乐美少年"为育人目标，秉承"小足球、大教育"理念，普及与提高并重，竞技与趣味交融，在足球运动中"练球、练人、练精神"，以球健身、以球明志、以球育人。实验小学校园足球工作从 2007 年的"一名教师一支球队"，逐渐发展成全员参与的校本课程，形成了独特的校园足球文化。目前，足球社团已成为经开区实验小学的特色名片。

经开区实验小学先后被评为首届全国青少年校园足球特色学校、河南省校园足球示范学校、河南省第四届中小学体育艺术"一校一品"足球项目示范学校、郑州市青少年校园足球先进单位、郑州市青少年校园足球"满天星"训练营优秀营点等。

经开区实验小学足球队员张星亮、梁超世、王建聪等被专业俱乐部选中,孙文杰、吕卓航因足球特长被北京大学录取,足球队员王剑聪、任晓航入选上海根宝足球基地。足球教师林霞、吕明荣获全国青少年足球夏令营总营"优秀教练员"、河南省校园足球"优秀教练员"、河南省校园足球"优秀指导教师"等荣誉称号。

二、深刻理解开展校园足球文化活动的意义

经开区实验小学对校园足球文化活动的理解,不仅仅局限于球场上的竞技与比赛,而是一种涵盖体育精神、团队协作、健康生活方式及学生综合素质培养等多维度的教育理念。这种理解认为,校园足球不仅仅是一项体育活动,更是促进学生全面发展、增强班级凝聚力、培养学生公平竞争意识和领导能力的重要平台。

开展校园足球文化活动具有以下四点重要意义:第一,通过足球活动,强调团队合作、坚持不懈、尊重规则的价值观。第二,通过训练和比赛中的实例教育,引导学生理解体育精神的真谛,激励学生追求卓越,勇于面对挑战。第三,通过足球与其他学科的融合,如数学课上计算比赛中的进球概率,语文课上创作足球相关的诗歌或故事,艺术课上设计球队队徽或海报等,拓宽了学生的视野,促进了学科间的融合。第四,通过足球活动,引导学生养成规律运动的习惯,同时结合营养教育、心理健康讲座等,倡导健康的生活方式,增强学生的身体素质和心理素质。

一系列具体而丰富的实践活动,构建了一个全方位、多维度的足球教育生态系统,让学生在享受足球乐趣的同时,实现了个人综合素质的全面提升。

三、致力加强校园足球文化建设

(一) 坚持文化浸润,营造浓厚足球氛围

走进翠竹掩隐、书香四溢的经开区实验小学,映入眼帘的是处处可见的足

球元素：一座座奖杯组成的足球荣誉墙、一件件见证荣誉的球衣、各种材料制作的手工足球、墙上的手绘足球……操场上更是随时可见身穿足球服，正在奔跑的足球小将。

经开区实验小学的每个角落都充满了足球元素：利用学校宣传栏、橱窗、校园网络资源进行足球知识的介绍、足球明星的介绍、足球比赛精彩镜头欣赏等，以此来提高学生的欣赏能力，培养学生的审美意识。教室内，以黑板报、手抄报、绘画等形式开展的形式多样的足球文化活动，让更多的学生去亲身体验足球、认识足球，了解足球文化。

经开区实验小学重视学校与学生家长之间的沟通，鼓励更多家长直接参与学生的训练和比赛，了解学生在学校的表现，看到学生的成长，看到学生的努力和成绩，让家长和学生在快乐、健康的足球文化活动中共同成长。

每年五月份的"足球文化节"是经开区实验小学的传统节日。在为期一个月的系列活动中，学生完全置身足球天地。如2024年举办的"足球转动梦想'艺'起创造未来"第十届足球文化艺术节上，学生们绘足球梦：用画笔和童心，描绘五彩缤纷的足球梦想；抒足球心：我手写我心，记下足球文化节的难忘时刻；话足球史：了解足球文化，并向他人介绍足球知识；抒足球情：展示以足球为主题的舞蹈和歌曲……学生用自己喜欢的形式，踢足球、做足球、画足球、舞足球、演足球，足球精神在他们心中牢牢扎根的同时，还促进了综合素质的全面发展。

（二）坚持全员参与，引领学生全面发展

为进一步提高学生身体素质，展现校园足球文化特色，经开区实验小学对学生快乐大课间活动内容进行统一部署安排，将足球活动融入学校的大课间活动，在保证学生每天锻炼一小时的基础上，实现以球促德、以球增智、以球健体、以球审美。

小小足球带来了体育运动的大快乐，每到大课间，校园里、操场上到处是学生进行颠球、踩球、控球、传接球、运球射门等足球基本动作训练的身影，生机勃勃，趣味横生，使大课间活动成为学校一道亮丽的风景。每天不间断的练习，让学生的足球技能技巧逐渐提高，这也是学校大课间的收获。

(三)坚持全员参与理念,普及足球基础知识

体育课堂是学生获取足球知识和运动技能的主渠道。根据新的教育理念,结合学校实际和学生兴趣,从2012年9月起,经开区实验小学将足球正式列为学校的校本课程。

在课改精神的引领下,经开区实验小学自编了一本适合少年儿童学习的《快乐足球》校本教材,并将其运用于课堂教学中,每学期的体育教学中特意安排了16课时的足球教学内容。在教学中,教师十分重视足球游戏,并将其融入教学训练,如比谁运球好、停球好、顶球好、踢得准、控制球的时间长,谁的球艺高超等,久而久之,学生就会练得娴熟的球技和许多个人"绝招"。这种模式下,学生以愉快的心情学习各种足球技术,养成健身习惯,收获身心健康,学校更是达到了育人、促智、追美的教学目标。

(四)坚持课余训练,提高学生运动水平

经开区实验小学拥有一支实力强大的足球教练队伍,在编足球专项教师2名,兼职足球教练员4名,其中E级教练员1名、D级教练员2名、C级教练员3名,形成了一支专业过硬、稳定向上的足球教练队伍。同时专门聘请外籍足球教练员和专业守门员教练到校对学生进行专项指导。

为了给爱好足球的孩子一个发挥才能的舞台,经开区实验小学在校园中营造了浓厚的足球文化氛围,并请专业的体育教师为足球教练员,组建了男女足球队,通过体育教师引领、后备梯队培养,开展扎根学生、形式丰富、内容多样的足球文化活动,提高了学生的身体素质。足球队每周训练达六次之多,周一至周五,在学校进行常规训练,重在提高队员的基本技术;周六、周日及寒、暑假,积极参加省、市体育行政部门组织的各类集训,提高队员的技、战术水平。训练中,经开区实验小学严格要求,科学指导,不放过每一个技术细节,使队员的技、战术水平扎实提高。

2010年,经开区实验小学与河南建业足球俱乐部合作,经过友好协商,签约成为"河南建业足球俱乐部——河南省青少年训练基地",俱乐部为学校推广

足球运动提供了大力支持。学校社团的足球小将们,在俱乐部主场比赛时,作为"足球宝贝"和职业运动员手拉手参加入场仪式。同职业运动员的亲密接触,让他们非常兴奋,更激发了他们对足球的热爱。

(五)坚持举办快乐联赛,融合足球文化活动

经开区实验小学每学期都要举办班际足球比赛。每年举行的"快乐足球联赛",将学校的足球文化氛围推向高潮,成为颇具特色的风景线。每个班级组织足球队、啦啦队,利用第二课堂活动的时间,结合"阳光体育、快乐足球"等主题开展足球文化活动。

"快乐足球联赛"由学校体育组主办,以年级为水平段,以班际赛的形式,以班主任为主教练进行班际循环比赛。一、二年级以足球游戏为主,三至六年级采取 7 人制足球的比赛方法。每班组织足球队、啦啦队,制定团队名字和口号,并安排小记者采访比赛,在"红领巾广播站"进行报道。赛后评出冠亚军、最佳射手、最佳啦啦队、最佳主教练等奖项,同时联合语文科组、美术科组以"开展快乐足球联赛"为主题的手抄报比赛、绘画比赛等活动。

为了培养学生的阳光体育精神,经开区实验小学利用寒、暑假时间组织学生前往山东、广州、北海等地的训练基地,与全国各地兄弟学校交流拉练。这些活动不仅提高了学生的足球技能,增加了学生的实战经验,更培养了学生精诚团结、奋勇争先、永不言弃的足球精神,在增强学生体魄的同时,促进了学生意志品质、精神气质的全面提升。

绿茵场上滚动的足球、大大小小的实战,不仅锻炼了学生的身体,更磨炼了他们坚强的意志,教会了他们敢拼、敢赢的豪气,不气馁、不放弃的勇气,为学生走得更高、更远,奠定了坚实的基础。

四、足球文化活动的硕果——成效显著

经过数年的努力,经开区实验小学的校园足球工作取得了显著成效。学校足球队在全国、省、市级比赛中荣获奖项累计达 260 余次。学校足球队先后荣

获达州市达川区"逸牙杯"全国校园足球邀请赛 U10 年龄组五人制获得冠军,"莲悦杯"全国青少年足球邀请赛男子甲组亚军、男子乙组季军;全国青少年校园足球夏令营全国分营滨州赛区女子甲组第二名;全国青少年校园足球夏令营全国秦皇岛总营,代表全国第二营区获得第二名;河南省校园足球"省长杯"足球锦标赛小学男子组第三名;郑州市青少年足球苗子精英赛暨足球传统项目学校锦标赛小学女子甲组冠军,乙组亚军;郑州市"市长杯"青少年校园足球联赛(第一阶段)小学女子超级组第三名、女子甲组第一名。

经开区实验小学对校园足球的高度重视以及取得的优异成绩,受到了众多关注和赞誉,提升了学校在家长和社会中的知名度和美誉度,增强了家长对体育教育的重视,促使家长更加支持学生参与体育活动,学生也以穿上足球队服、进入校足球队为骄傲。

少年智则国智,少年强则国强。在经开区实验小学,学校将这一理念融入校园足球工作的每一个细节。未来,经开区实验小学将一如既往地致力于校园足球发展,加强足球文化建设,培育校园足球文化,为学生搭建成长的平台,助力他们扬帆起航,成就梦想。相信在不久的将来,这里将走出更多优秀的足球人才,为足球事业的发展贡献更多的力量。

案例十三
聚焦立德树人 彰显校园足球育人价值
郑州市第二中学

一、郑州市第二中学简介

郑州市第二中学(以下简称郑州二中)始建于1941年9月,一直以来,始终坚持立德树人根本任务,牢记为党育人、为国育才使命。学校以"开放"为引领,秉承"自主发展、健康成长"的办学理念,致力于构建"高质量、高温暖、增值型、全能型"的办学样态。学校办学历史悠久,文化积淀深厚,办学业绩突出,先后荣获"全国和谐校园先进学校""全国群众体育工作先进单位""全国校园足球优秀学校""河南省文明校园标兵""河南省义务教育标准化管理示范校""首批河南省义务教育阶段优质教育集团"等多项国家、省、市、区级荣誉。

在校园足球普及化方面,学校班级足球联赛已坚持41年,班班有球队、年年有联赛,参加足球活动的学生覆盖率达90%以上。在校园足球专业化方面,2017年成立初、高中足球实验班,近几年成绩斐然,多次获得不同级别比赛的冠军;2018年,获中国足球学校杯U15比赛第一名、中国中学生"足球协会杯"第二名;2019年,获全国优秀校园足球特色学校,第二届青运会男子U15组冠军和U16组亚军,河南省俱乐部杯锦标赛男子、女子乙组冠军,中国足球学校杯男子甲组U17冠军;2020年,获中国高中足球锦标赛男子组第三名,河南省传统项目学校足球锦标赛高中男子组亚军,全国青少年校园足球联赛(高中男子组总决赛)亚军;2021年,获河南省"省长杯"青少年校园足球比赛初中男子、初中女子组一等奖;高中男子组获得第三名;2022年,获河南省"省长杯"青少年校园足球比赛初中女子获得一等奖;2023年,获河南省青少年足球锦标赛男子甲组冠军、高中女子甲组第三名,中国足球学校杯女子甲组 U17 比赛亚军,中国足球学校杯男子乙组 U15 比赛冠军;2024 年,获河南省青少年足球锦标赛男子乙组冠军,河南省俱乐部杯锦标赛女子乙组冠军、男子乙组亚军等。

二、坚持健康第一,让每一个生命绽放精彩

2014 年,国务院印发的《关于加快发展体育产业 促进体育消费的若干意见》要求:"大力推广校园足球和社会足球";2015 年,国务院办公厅印发的《中国足球改革发展总体方案》指出,要"发挥足球育人功能",这为校园足球的发展指明了方向。

近年来,郑州二中以立德树人根本任务为出发点,立足于中国学生发展核心素养,结合自身实际,确立以"开放办学"为统领,"自主发展、快乐成长"为办学理念,"信息化、国际化、自主化"为发展战略,"健康、博爱、有为"为育人目标的办学思路,尤其是把促进学生身心健康发展、提高学生生命品质、增强学生家国情怀有机地融入课程实践,将校园足球工作作为落实学校育人目标的重要载体。与专业的足球院校和训练机构相比,校园足球的功能是将足球放在校园的概念中,立足校园的管理、教育理念,实现文化课和体育锻炼两不误。郑州二中根据国家要求,结合学校 40 余年开展校园足球工作的经验,进行了校园足球系列课程开发等诸多实践,使足球的综合育人功能得到充分发挥。

总之,校园足球文化活动不仅是一种体育活动,更是一种教育活动。它可以培养学生的团队精神和社交能力,促进学校体育发展,增强学校凝聚力,并引导学生养成健康的生活方式。因此,郑州二中将继续坚持开展校园足球文化活动,持续提升校园足球水平。

三、采取多项举措,促进校园足球文化活动蓬勃发展

(一) 强化组织领导,做好顶层设计

郑州二中致力于发挥足球育人功能,推进校园足球普及,促进文化学习与足球技能共同发展,促进青少年足球人才规模化成长,并紧紧围绕立德树人根本任务,扎实推进五育并举,以足球文化活动践行学校"健康、博爱、有为"的育人目标。经过多年沉淀,足球项目作为学校发展中的特色品牌,已形成了"坚持一个核心、建强两支队伍、坚持三个立足、做到四个加强"的校本化做法。

1. 坚持一个核心

以立德树人根本任务为核心。根据《中国足球改革总体方案》《教育部等6部门关于加快发展青少年校园足球的实施意见》的总体要求,郑州二中把促进学生身心健康发展,提高学生生命品质,增强学生家国情怀有机融入课程实践,发挥足球育人功能,让足球成为落实学校育人目标的重要载体。

2. 建强两支队伍

逐步建强管理队伍和专业队伍。郑州二中成立了以校长为组长,副校长为副组长,党总支书记为监督者,学生发展中心主任、教师发展中心主任、学教服务中心主任、年级长为成员的校园足球领导小组。成立学校足球管理中心,将其岗位纳入学校的骨干岗位进行统一管理。为保障学生的学业不受影响,郑州二中成立了足球教研组,由高中、初中校区的教学副校长担任教研组长,校区教师发展中心主任、学生发展中心主任、学教服务中心主任、足球实验班班主任和任课教师为成员,按照要求,坚持双周教研,确定训练计划,明确学业进度和评价任务。

3. 坚持三个立足

(1) 立足课堂阵地,做到普及。在保证体育课时的基础上,郑州二中为了普及、强化足球项目,对体育教学进行优化调整,推动校园足球普及化。

(2) 丰富学生活动,夯实基础。在课堂体验的同时,郑州二中也支持和鼓

励学生组建不同类型的足球社团,将足球比赛、足球解说、足球周边文化等相关内容融入其中。

(3)持续抓好班赛,做好提升。为了推动校园足球运动的发展,营造校园阳光体育氛围,从1984年起,郑州二中持续开展校园足球班级联赛。同时,围绕赛事,组委会还举行了形式多样的普及足球知识的活动,例如制作球队海报、评选"最佳运动员"、举行足球知识竞赛、举行"一带一路"和足球发展的主题征文等。

4. 做到四个加强

(1)加强思政建设。为了强化学生的家国情怀,重点加强对足球实验班学生的思政教育,郑州二中坚持"感恩、责任、集体、诚信、国家"的理念,每月一主题,由书记、校长轮流上课。集训前有动员大会,集训后有总结反思,努力追求"国家得到人才,社会得到和谐,家庭得到幸福,学生得到成长,教师得到提升"的效果。

(2)加强课堂建设。为了保证足球实验班学生学业成绩与竞技水平同步提升,郑州二中成立了专项负责小组,由教学副校长牵头落实各项工作:第一,成立专门的足球教研组,采取双周教研制度;第二,合理编排课表,既保证训练,又保证教学质量;第三,选配有丰富经验的教师作为足球实验班的任课教师,同时,在学生外出比赛、集训时始终有任课教师跟随,确保学生完成学业任务。在这种模式下,郑州二中输送到高中的足球实验班学生一本和二本上线率显著提高,2021年刘承睿、李猛,2022年贾晓恒顺利被北京大学录取就是最好的见证。

(3)加强后勤保障。郑州二中专门和郑州市中医院康复治疗科达成合作,该院医生一周三次到校免费为足球实验班学生治疗伤病和做运动康复;进行红十字急救培训,在每个级配备经过红十字急救培训的学生救护员;保证学生饮食的营养健康,针对运动饮食方面每周召开专题会,由足球教练员、营养学专家、学校领导、后勤服务负责人等共同研究餐标,学校餐厅专门配餐,保证学生的营养补给,确保学生健康成长。

(4)加强国际交流。加强国际交流,可以开阔视野,促进学生综合素质的快速提升。郑州二中积极为学生创造国际交流学习的机会:2016年9月,学校初中足球队 14 名队员赴意大利波坦察市进行足球参观交流活动；2016 年 11 月,组织队员参加"一带一路"中国·郑州青少年校园足球文化交流暨国际足球邀请赛,并获冠军;2017 年 12 月,举办"鸿雁杯"校园足球国际邀请赛,夺得亚军,并与韩国永登浦工业高等学校就足球达成交流协议。2018 年赴韩国参加交流比赛。此外,郑州二中还支持足球专项教师出国深造。

(二) 培育足球文化,发挥育人功能

郑州二中将校园足球工作作为立德树人的重要载体,把足球文化节、班级联赛、社团活动、校本课程等作为育人重要平台,在各类活动中磨炼学生的意志,健全学生的人格,提升学生的思想品德水平,促进学生德、智、体、美、劳全面发展,促进学生体质健康和心理健康协调发展。郑州二中每年 12 月至次年 1 月举办足球文化节,至今已连续组织 5 届。足球文化节以足球为载体,以多学科融合为途径,力求实现全体学生"人人能参与,个个能出彩"。以 2021 年校园足球文化节为例,主题是"'一带一路'视角下的足球",各备课组老师集群体智慧,挖掘本学科与足球之间的密切联系,聚焦学科核心素养,通过足球与学科的有机融合,让学生在活动中加深对"一带一路"的了解,从而开阔学生的眼界,让学生的使命感、集体荣誉感得以提升。例如,语文学科为提升学生的写作能力,举行了"足球我感悟"的征文比赛,吸引了相当一部分学生参加;七年级学生参加了地理学科举行的"通过'一带一路'认识国家"竞赛活动;一些英语爱好者积极参与了英语学科的"比赛我解说,交流我担当"活动;爱好美术的同学,纷纷参加美术学科举办的"队旗、队徽我设计、我展示"活动;历史学科以手抄报的形式,举办了"历史我了解"活动;一些关注时事的同学,参加了政治学科关于"一带一路"的知识宣讲活动;体育学科以运动为契机,举办了"奔跑我快乐,联赛我拼搏,健康我牢记——班级对抗赛、足球知识定向越野、健康知识讲座"等。2022 年,郑州二中设计的主题是"学科+足球",与大疆集团合作,开发了"技术+足球"课程,深受学生喜爱。

(三) 构建特色课程,落实足球育人

教育部在 2018 年召开的新闻发布会上指出,将不断完善校园足球发展的

政策体系。此外,要构建"特色学校+高校高水平足球运动队+试点县(区)+改革试验区""四位一体的校园足球立体推进格局",要求每所校园足球特色学校面向全体学生每周开设1节足球课,组织课余训练和校内联赛,组建学校足球队参加校际联赛。郑州二中以校园足球相关课程开发促多学科融合,通过校园足球系列校本课程的开发,真正实现学校、学生、学科的有机融合,达到"期期有课程,人人有选择,生生能参与",营造浓厚的校园足球文化氛围,致力于足球育人。

1. 坚持每周一节足球课,普及足球运动

学校制定了《郑州市第二中学足球课程纲要》,在各年级落实每学期大单元足球课,以专业师资确保足球教学任务的圆满完成,以体育课与足球项目结合的方式,推动校园足球发展,使全体学生通过足球课强身健体,培养足球兴趣,学习足球技能,提高体育素养。

2. 开发特色校本课程,开展跨学科主题学习

为促进学生的个性化发展,提升教师的课程领导力,满足不同学生的发展需要和兴趣爱好,结合"双减"政策,郑州二中开设了丰富多彩的与足球相关的校本课程,将其作为国家课程的补充、拓展与整合。该课程与初中学段各学科深度融合,推进学校育人目标和中国学生发展核心素养落地。例如,语文学科的"快乐足球小剧场""足球运动与文学创作",数学学科的"足球中的数学",历史学科的"中国近代足球史""中国古代足球(蹴鞠)探微",英语学科的"比赛我解说,交流我担当",美术学科的"队旗、队徽我设计、我展示"等。郑州二中坚持每两周开展一次校本课程,由教师发展中心根据学期工作计划统一安排校本课程授课时间,固定为每周四下午5:00—6:00,要求有课程纲要、教学设计、考勤表、考评制度、教学反思等,并通过简报、新闻等多种形式进行宣传。

3. 完善评价体系,用好评价育人

依据教育部等六部门2021年颁布的《义务教育质量评价指南》(教基〔2021〕3号),结合学校足球系列课程开发与实施的实际情况,形成了三种评价反馈方式。一是针对足球实验班的学生,从学生综合能力发展质量评价、学业质量评价、训练成效评价三个方面进行评价。二是针对足球课的专项评价,包

含过程性评价和终结性评价两个方面。其中,过程性评价成绩(30分)=课堂表现(20分)+锻炼情况(10分);终结性评价成绩(70分)=足球颠球(20分)+绕杆运球(30分)+踢准(20分),学期成绩取过程性评价和终结性评价之和。三是针对足球校本课程的评价,主要关注教师设计开发课程的能力、教学实施的能力以及学生学习课程的收获三个方面。

(四)开展足球班级联赛,加大足球普及力度

郑州二中足球班级联赛至今已成功举办了41年,其间,在原有的男生班级联赛基础上,又增添了女生班级联赛和让学生当教练的实践。活动以班级联赛为基础,选拔优秀班级代表参加年级比赛,获得年级冠军的学生可继续参加校级决赛,并继续向更高层级的赛事挺进。此项活动越来越受学生的追捧和喜爱,赛事也变得更加丰富多彩。在2020年郑州市班级冠军杯比赛中,郑州二中初二年级获得初中组第二名。目前,郑州二中继续开阔思路,在完善班级联赛体系的基础上,让更多的学生参与其中,进一步深化了校园足球的育人功能。

四、在反思中进步,推动校园足球更好发展

(一)效果

郑州二中校园足球文化活动的开展取得了显著成效,让所有的教师、所有的学生、所有的学科都融入足球,体现"时时、处处、人人"的足球育人和发展理念,有章程、有纲要、有课程、有联赛、有节日,形成了郑州二中校园足球文化特色。

(二)反思

1. 学校层面的反思。领导层的支持和重视是保证足球文化活动顺利开展的前提。领导层在设计活动方案时注重增强足球文化活动的多样性、融合性可以提高活动的吸引力,增加参赛人数。郑州二中足球文化活动的参赛人数每年

不断增加,表明活动逐渐受到了学生的欢迎和认可。

2. 文化活动开展过程中的问题。尽管活动取得了一些成功,但也存在一些问题,需要在未来的活动中加以改进,如加大活动的宣传力度、优化评奖环节等。

(三) 愿景

习近平总书记指出:"体育承载着国家强盛、民族振兴的梦想。体育强则中国强,国运兴则体育兴。要把发展体育工作摆上重要日程,精心谋划,狠抓落实,不断开创我国体育事业发展新局面,加快把我国建设成为体育强国。"未来,郑州二中将继续加强校园足球文化建设,不断丰富校园足球文化活动内容,培养体育创新拔尖人才,努力开创校园足球发展新局面。

案例十四
多管齐下推动足球文化 多元融合赋能育人实践

郑州市第九中学

一、郑州市第九中学简介

郑州市第九中学(以下简称郑州九中)位于郑州市农业路21号,占地153亩,建筑面积5万多平方米。郑州九中自1953年建校以来,走过了"河南省郑州第二高级中学""河南省科学技术专科学校""郑州市第九中学"等几个不同寻常的办学阶段。学校现为36个教学班的单设高中,在校生2000多人。

多年来,郑州九中秉持"精一执中"精神和"修己达人,九德惠风"的校训,高度重视科学教育,在科技型高中建设过程中凝聚形成了"理工见长,人文涵养"的育人目标。多年的科技创新实践,学校在课程、教学、科研、管理等方面取得了优异成绩,先后荣获"全国十佳现代学校""首批全国智慧教育实验校""教育部第一批教育信息化试点单位""全国青少年人工智能活动特色单位""全国学校体育工作示范学校""全国青少年足球特色学校""河南省文明校园标兵""河南省创新教育实验试点学校""河南省普通高中多样化发展实验校""河南省普通高中课程改革先进单位""河南省校本课程建设先进学校""河南省数字校园标杆校""河南省人工智能示范校"等称号。2023年,以科技创新为主要内容的教学成果《新工科背景下的普通高中工程技术教育的实践探索》荣获国家级基础教育教学成果二等奖,在新一轮普通高中多样化示范校认定中,被认定为"科技高中"示范校,2024年1月,被河南省教育厅评为河南省首批科学教育实验校。

郑州九中2015年被全国校足办评定为全国校园足球特色学校;2016年被

河南省教育厅评选为河南省校园足球示范学校,并在 2019—2021 年连续被河南省教育厅评选为河南省校园足球示范学校;被河南省校足办授予 2019—2021 年度河南省校园足球"特殊贡献奖";在 2020 年河南省第五届中小学体育艺术"一校一品评选活动"中被河南省教育厅评为示范学校。郑州九中作为河南省首家推出校园足球实验班的高中,是郑州市校园足球发展的代表性学校,学校大胆尝试、勇于创新,逐步探索出可供普通中学开展校园足球活动借鉴推广的措施和成功经验,切实发挥了全国校园足球特色学校示范校的示范引领作用。

二、多管齐下,校园足球活动丰富多彩

(一)成立由校长牵头的校园足球工作领导小组

校园足球工作领导小组由校长张莹牵头,中层干部参与,足球专项教师、体育教师负责各项工作的落实,全方位配合,共同完成校园足球文化活动的开展。另外,郑州九中还成立了校园足球工作室,作为足球文化活动的专门办公地点,学校内所有关于足球文化活动的政策制定、训练方案制订、人员调配均在足球工作室完成。所有足球专项教师和足球教练员一起办公,能够更好地沟通校园足球文化活动开展过程中存在的问题,从而更快速有效地解决问题。

(二)开展校内班级联赛

郑州九中在每学年的 4 月份举办高一年级的足球班级联赛,10 月份举办高二年级的足球班级联赛。学生以班级为单位组建足球队参加比赛。每年两次的足球班级联赛,为更多的学生提供了展示足球才能的平台与机会,充分调动了学生在足球普修课和选修课上的学习热情。

(三)为学生每人提供一本足球校本教材

郑州九中为高一年级入学的每名学生提供了一本针对高中阶段的足球教

材。在实际教学中,郑州九中发现传统的足球教材内容难度较大,与学生足球水平相对薄弱的现实不符,便结合学生实际情况,在传统足球教材的基础上,自主设计编写了一本符合学生实际的足球校本教材,满足了该校足球模块教学的需要。

(四)开展足球大课间活动

郑州九中全体体育专项教师和足球教练员依据本校学生的现实情况,创编了一套完整的足球大课间活动内容,从热身、技术练习、体能练习到放松拉伸,循序渐进,内容丰富。通过足球大课间活动,学生不仅得到了心肺功能、肌肉耐力、爆发力等体能锻炼,同时还使足球基本技术水平得到了进一步提升。全体学生共同参与足球大课间活动,也使郑州九中校园足球的普及工作迈上一个新台阶。

(五)每年举办一次足球文化节暨足球趣味运动会

足球文化节内容与形式丰富多彩,定期活动与不定期活动相结合。足球文化宣传活动、足球友谊赛、足球征文活动通过各种形式不定期开展。每年定期开展足球趣味运动会,从每年两次运动会中选出一个运动会,举办专门的足球趣味活动。新颖有趣的足球趣味活动提高了广大师生对足球运动的兴趣和参与度。在足球趣味运动会期间,郑州九中还同时举办面向全体学生的跨学科文化活动,如足球征文活动和足球海报设计活动。这些活动的评分结果计入足球趣味运动会班级总积分,大大调动了全校师生参与活动的热情和积极性。

(六)培养一支学生足球裁判员队伍

郑州九中足球实验班每年招收足球特长生近50人,但并不是所有学生都能成为校足球队的主力。学校从每届足球实验班中挑出8~10名品学兼优的学生,进行足球裁判知识的学习和培训。在每天足球训练时这些学生专门进行足球裁判的练习,经过专题培训,这些学生很快成长为学校班级联赛裁判工作的主要力量。郑州九中足球教练员中有国家一级裁判员两名,师资的优势有力

地保证了裁判员队伍建设的专业水平。

(七) 组建足球宝贝啦啦队

足球啦啦队是足球文化的重要体现。郑州九中每年都特招一部分专业啦啦操运动员,同时在学校培养有此方面特长的学生,扩充足球啦啦队。足球啦啦队的建设与发展,不仅为学生提供了更多展示个人才能的机会,而且在校园足球比赛、足球文化节等大型活动中,为渲染足球运动气氛发挥了积极作用,也为营造浓郁的校园足球文化氛围做出了重要贡献。

(八) 成立足球社团

郑州九中通过成立足球社团的形式,为学生提供交流学习足球知识的环境和氛围。足球社团定期开展组织训练和比赛活动,利用学校博士大讲堂,聘请专业足球讲师为学生普及足球文化内涵和价值等方面的知识。同时充分发挥足球实验班的作用,以点带面,把足球实验班办成校园足球的开路先锋,使其成为校园足球文化建设的骨干力量,使每一个足球实验班的特长生成为校园足球的小使者。

(九) 开阔国际视野,加强文化交流,助力校园足球特色发展

自2015年以来,郑州九中每学年利用暑假时间,派优秀的足球教练员和学生赴欧洲足球运动发达国家进行训练和比赛交流,多年来已分别赴德国、荷兰、英国、西班牙等国家进行了足球交流活动。足球交流活动一方面使足球教练员接触到了先进的执教理念和训练理念;另一方面使学生能够与世界高水平的青训球员同场竞技,亲身感受异域足球文化的魅力和特点,也充分开阔了视野,启发了思路,推动了自身发展。

三、加强校园足球文化建设的效果与反思

随着国家对体育教育的日益重视,校园足球文化建设作为体育教育的重要

组成部分,正逐渐引起广泛关注和高度重视。通过开展校园足球文化活动,郑州九中的广大学生也受益匪浅。

(一) 活动效果

通过开展多样化的足球文化活动,学生对足球运动的了解不断拓宽和加深,认知水平得到明显提升。对足球运动团结协作、勇猛顽强、遵守规则、公平竞争的体育精神有了进一步的感受和体悟。由于足球运动参与度的提高,学生的足球基本技术水平也得到明显提高。足球运动蕴含的丰富的文化内涵在校园足球文化活动中得到了充分体现,足球运动已成为校园文化生活中最具有活力和生机的组成部分。

(二) 反思与建议

1. 积极推进家校合作

家长对孩子的参与和支持是校园足球文化活动顺利进行和持久发展的重要保障,建议加强家校之间的沟通与合作,邀请部分家长参与校园足球文化活动,鼓励家长出谋划策,各尽其能,积极参与校园足球文化活动的设计与开展。

2. 加强活动的多样化

除了传统的足球文化活动外,学校还应根据新时代学生的心理特点,精心设计并组织开展形式新颖、内容丰富、具有时代气息和教育价值的足球文化活动,以丰富校园足球文化活动内容、方法和形式,提高其吸引力和参与度。

案例十五
绿茵点亮童年 足球促进成长

郑州市二七区春晖小学

一、郑州市二七区春晖小学简介

郑州市二七区春晖小学(以下简称春晖小学)创建于2005年8月,现有38个教学班,2000多名学生,100余名教职工。自2006年起,校园足球的种子就在这片沃土上生根发芽。春晖小学先后被评为全国百强特色学校、首批全国青少年校园足球特色学校、第一批全国学校体育工作示范学校、河南省足球传统项目学校、河南省乒乓球传统项目学校、郑州市青少年校园足球活动先进单位、郑州市输送苗子运动员先进单位、二七区第一所河南省校园足球示范校。学校先后获得河南省"省长杯"青少年校园足球联赛男子甲组冠军等省级比赛40余个项目冠军,获得市级、区级多个项目冠军,多次获得郑州市"市长杯"青少年校园足球联赛最佳组织奖、郑州市"市长杯"青少年校园足球联赛体育道德风尚奖,多次承办区级"区长杯"青少年足球联赛。

截至2024年,学校培养出一批又一批足球人才。部分球员进入河南省实验中学、郑州十一中、郑州二中;部分球员进入职业足球俱乐部,被送到国内甚至国外俱乐部进一步深造,如关启越、郑路军、安德佳,被招进中学生国家队,其中,郑路军于2023年8月被清华大学以"足球特长生"录取;吴永强、李星贤被招进国家少年队。孙龙祥进入中国国家队U17国家青年队;程玉鑫、王雪宁、靳正茂、刘世嘉进入河南建业U15梯队;何世行进入广州恒大U12梯队;赵佳楠更是作为2016"中国足球希望之星"青少年留学人才计划的20名少年之一,被万达集团选送到西班牙马德里竞技俱乐部留学三年,赵文哲进入西班牙比利亚雷亚尔俱部……

春晖小学还以校园足球为突破口，主动与国际接轨，学习和借鉴足球发达国家的先进经验，宣传和介绍中国青少年足球的蓬勃发展。如承办亚足联草根足球日（河南）活动、"市长杯"青少年校园足球决赛阶段比赛等重要活动，代表郑州市参加"'一带一路'杯"国际足球邀请赛与韩国和德国球队切磋等。西班牙、荷兰、巴西、意大利、英格兰等国家的教练团和参观团纷纷来校指导交流，中国国家男子足球队、前世界足球先生乔治维阿、中国足球名宿辅导团都曾造访学校，《人民日报》《中国教育报》《郑州日报》等主流媒体对学校的足球特色进行过专题报道，河南省及郑州市的校园足球官微也对春晖小学校园足球的经验做法进行过推介，省、区、市各级领导多次莅临学校考察，并对学校的校园足球工作给予了充分肯定。

二、足球不仅是运动，还是教育

校园足球文化活动不仅是一种推广足球运动的方式，更是一种促进学生身心健康发展、培养团队合作精神、增强校园凝聚力以及传承体育精神的重要途径。

（一）培养团队合作精神

足球文化活动是一种团队活动，强调团队协作和默契配合。通过参与校园足球文化活动，学生能够学会如何在团队中发挥自己的作用，理解合作与分享的重要性，培养责任感和集体荣誉感。

（二）增强校园凝聚力

校园足球文化活动可以成为联结全校师生的桥梁，通过组织比赛、观看比赛等活动，增强师生间的互动与交流，提升学校的整体凝聚力。

（三）传承体育精神

足球不仅是一项运动，更是一种文化和精神的体现。春晖小学通过校园足

球文化活动,传递公平竞争、尊重对手、坚持不懈等体育精神,引导学生形成正确的价值观和人生观。

春晖小学对校园足球文化活动的理解是全面而深刻的,并且努力将这种理解转化为实际的校园足球文化活动,为学生的全面发展和学校足球的发展做出积极贡献,如加强足球社团建设、营造足球文化氛围、强化体育精神培养等。

三、多元发力,夯实振兴中国足球的文化基础

作为全国足球特色学校、河南省足球传统项目学校,为了使更多的同学感受到足球的魅力,落实好学校足球特色,推动校园足球的蓬勃发展,春晖小学积极开展校园足球相关活动,让学生了解足球知识、参与足球运动、掌握足球技能,培养参与体育运动的兴趣,树立积极健康的社会形象。

(一)构建完善的校园足球组织体系

1. 成立专门的校园足球领导小组

由校长担任组长,教学副校长担任副组长,体育学科负责人、体育组教研组长、各年级教研组长为成员。领导小组负责活动的整体规划、方案制订、协调实施及效果评估。同时,春晖小学还设立了足球教练团队,由具有丰富足球教学经验的足球专项教师和校外专业足球教练员组成,负责学生的足球技能培训和比赛指导。

2. 构建家校协作共同体,为校园足球运动的持续发展助力

学校校园足球文化活动参与人员广泛,包括全校师生及部分家长。作为活动的主体,学生积极参与足球比赛、足球知识竞赛、足球绘画比赛、足球征文比赛等各项活动,展示自己的才华和风采。教师不仅承担足球课程的授课任务,还积极参与足球比赛的裁判和后勤保障工作,为学生提供有力支持。家长通过参与观赛也能为学生提供支持与鼓励,增强家校联系。

(二)营造浓厚的校园足球文化氛围

为激发学生参与校园足球文化活动的热情,春晖小学通过多种渠道进行宣

传发动,营造浓厚的校园足球文化氛围。

1. 校园宣传。利用校园广播和大屏幕定期播放足球知识、比赛预告和活动精彩瞬间,让学生随时了解校园足球的最新动态。

2. 社交媒体。利用微信公众号等社交媒体平台,发布校园足球文化活动的相关信息,吸引更多学生和家长的关注和参与。

3. 主题班会。各班级通过主题班会的形式介绍足球文化,分享足球故事,观看足球比赛视频,激发学生对足球的兴趣和热爱。

(三) 活动内容丰富多彩,寓教于乐

丰富多样的校园足球文化活动旨在满足不同学生的需求和兴趣。

1. 将足球课纳入学校课程体系,实现足球学习系统化

春晖小学积极探索校园足球工作新模式,大胆进行课堂教学改革创新,开展"足球进课堂"活动。学校将足球课纳入学校课程体系,每班每周开设一节足球课,每班都有一支足球队,为每个学生配备一个足球,根据学生年龄特点制定进阶式足球技能学习目标,形成具体可实施的评价标准,定期对学生的足球技能掌握情况进行评价,并将评价结果纳入学生体育学科学习成绩整体评价中。

2. 建立班级联赛制度,推广普及校园足球

春晖小学每一学期都会举行"德慧杯"校园班级足球联赛,通过比赛激发学生对足球运动的热爱。充分利用体育课、课余时间和大课间开展班级联赛,同时还有专门针对低年级学生和女生的KT足球比赛,并利用周末时间与其他兄弟学校切磋球技。通过对外交流,加强了学校与足球界的联系,扩大了学校知名度,为今后开展更高层次的交流奠定了基础。

3. 营造浓厚的足球文化氛围,让师生爱上足球

春晖小学依托校园围墙设计建造了"超越,从足下启航"的足球墙,创建足球长廊文化,开展"写足球""绘足球""足球摄影""足球班会"等主题活动。每年的学校运动会和教工运动会都会组织"足球射门""足球绕杆带球""足球接力"等与足球有关的趣味项目,通过活动让师生增进对足球运动的热爱与了解。例如,在班级足球联赛结束后,学校会开展足球征文比赛,通过比赛引导学生深入

了解足球文化,提升写作能力,鼓励学生从不同角度和层面书写与足球相关的文章,如足球故事、足球精神、足球比赛体验等。学生围绕足球主题,搜集了解了很多相关知识,记录了发生在校园足球班级联赛的故事,用文字表达了对足球运动的热爱和对班级荣誉的珍视。这不仅是学生展示才华的舞台,更是一次提升综合素养、追逐绿茵梦想的契机。在2022年卡塔尔世界杯比赛期间,春晖小学开展"奇思妙想焕新意 快乐同行世界杯"创意活动,将足球与艺术相结合,不同年级的学生在创作世界杯吉祥物、世界杯入场券、世界杯海报的活动中,用美术独特的视角创造性地记录了许多精彩瞬间。活动中,学生充分发挥奇思妙想,在感受美、发现美、创造美的过程中收获了足球运动带来的快乐与成就感。

(四)注重实践,创新方法

春晖小学校园足球文化活动的教学方法灵活多样,注重实践和创新。

1. 分层教学

根据学生的班级、年龄和足球水平,进行分层教学。低年级学生注重基础技能的训练和培养,高年级学生则注重战术配合和竞技水平的提升。

2. 游戏化教学

将足球技能融入游戏中,让学生在轻松愉快的氛围中学习和掌握足球技能。如"足球接力赛""足球保龄球"等游戏,既锻炼了学生的身体,又提高了他们的足球兴趣。

3. 线上线下结合

利用互联网和移动设备,开展线上足球知识竞赛、线上足球绘画比赛等活动,打破时间和空间的限制,让更多的学生参与其中。同时,通过线上直播和回放功能,让学生随时观看比赛和活动的精彩瞬间。

4. 家校合作

邀请家长参与校园足球文化活动的组织和策划工作,共同为学生创造更好的学习和成长环境。如邀请家长担任比赛裁判、啦啦队成员等角色,增强家校联系和互动。

(五) 形式多样,注重实效

春晖小学校园足球文化活动的组织形式灵活多样,注重实效和可持续性。

1. 班级联赛

以班级为单位,组织足球联赛。通过班级间的比赛和交流,增强学生的集体荣誉感和团队精神。同时,班级联赛也为校际友谊赛和更高层次的比赛选拔优秀球员提供了平台。

2. 年级挑战赛

以年级为单位,组织足球挑战赛。通过年级间的比赛和竞争,激发学生的斗志和进取心。挑战赛不仅锻炼了学生的身体,还丰富了他们的比赛经验,提高了心理素质。

3. 校际友谊赛

通过与其他学校的交流和比赛,拓宽学生的视野和社交圈,同时提高学生的比赛水平和竞技能力。

4. 足球社团活动

足球社团邀请专业足球教练员进行指导和培训,提高学生的足球技能和水平。通过组织训练、参加比赛和交流活动,培养学生的组织能力和团队合作精神。

5. 足球大课间

春晖小学作为全国足球特色学校,将足球普及与足球竞技两手抓,重点放在足球普及上。由学校体育教师和音乐教师自创的以足球技能为内容的足球课间操充分展现了学校的足球文化特色。每天足球大课间学生随着音乐抱着足球排着整齐的队伍走入操场,数千个足球在其手中、脚下滚动变换,在不间断的练习过程中,学生的技能技巧逐渐提高,身体素质逐渐增强。学校的足球课间操还多次面向区、市进行现场展示,引起了家长和社会的广泛关注和参与,进一步提高了校园足球文化活动的知名度和影响力。

四、成效显著,影响深远

(一)成效显著

经过多年的努力和实践,春晖小学校园足球文化活动取得了显著的成效和深远的影响。

1. 学生身体素质得到提升

通过参与足球比赛和活动,学生的身体素质得到了显著提升。学生的耐力、速度、协调性和灵活性等方面都得到了锻炼和提高。

2. 团队合作精神得到增强

足球比赛和活动注重团队合作和默契配合。通过参与比赛和活动,学生学会了如何在团队中发挥自己的作用,理解合作与分享的重要性。同时,学生也学会了尊重对手、遵守规则和公平竞争的精神。

3. 形成了浓厚的足球文化氛围

通过举办足球征文比赛、足球绘画比赛和足球主题班会等活动,学生加深了对足球文化的理解和认同。同时,学校还邀请足球明星来校交流指导,让学生更加深入地了解足球文化。总之,校园足球文化活动丰富了校园文化生活,营造了积极向上的校园文化氛围。通过足球比赛和活动,学生感受到了足球带来的快乐和激情,同时也增强了学校的凝聚力和向心力。

(二)反思与建议

1. 存在的问题和不足

(1)活动资源有限。虽然学校已经尽力为校园足球文化活动提供必要的资源支持,但仍然存在资源有限的问题。例如,足球场地、器材等基础设施的短缺,以及专业足球教练员的缺乏,都限制了活动的规模和效果。

(2)学生参与度不均衡。在参与校园足球文化活动的学生中,存在一些参与度不均衡的问题。部分学生对足球非常热爱,积极参与各项活动;而部分学生则对足球兴趣不大,参与度较低。

2. 改进建议

(1) 加大资源投入。学校进一步加大对校园足球文化活动的资源投入,包括加强足球场地、器材等基础设施建设,以及聘请更多专业足球教练员进行指导和培训等。

(2) 建立长效机制。为了确保校园足球文化活动的持续开展和深入发展,学校应建立长效机制,将活动纳入学校教育教学计划。同时,可以制定相关政策和措施,对在活动中表现突出的学生和教师进行表彰和奖励,以激发更多人的积极性和热情。

凡是过去,皆为序章。全校师生将继续秉承"感恩负责、拼搏奉献、创新创效、勇争一流"的春晖精神,进一步探索适合青少年足球的发展模式,将校园足球的品牌进一步做大做强,为推动校园足球的发展贡献自己的力量,为中国足球的未来播下新的希望。

案例十六
彰显育人功能　践行"乐享足球"

郑州市金水区金桥学校

一、郑州市金水区金桥学校简介

郑州市金水区金桥学校(以下简称金桥学校)始建于 1955 年,现有 58 个教学班,2900 多名学生,教职工 161 名,体育教师 15 人,其中足球专职教师 7 人。

多年来,学校围绕"乐享足球"理念,面向全体学生,明确了"全员中提升,普及中发展"的思路,坚持以课堂教学为主阵地,以大课间全员参与为着眼点,以社团建设为辐射圈,在发展校园足球中彰显育人功能。学校先后被评为"全国青少年校园足球特色学校""全国体育联盟(教学改革)示范学校""河南省校园足球示范学校""郑州市校园足球先进单位""市级体育传统学校""郑州市青少年校园足球满天星训练营优秀营点"等荣誉称号,获得过"郑州市青少年校园足球突出贡献奖"等奖项。

金桥学校所取得荣誉有:2018—2023 年,连续六年蝉联郑州市"市长杯"青少年校园足球联赛小学女子超级组总冠军;2018—2019 年度郑州市"市长杯"青少年校园足球联赛小学男子超级乙组年度总冠军;2019 年度河南省青少年校园足球"省长杯"联赛小学女子组第五名;2021 年度河南省青少年校园足球"省长杯"联赛小学女子组一等奖;2021—2022 年郑州市"市长杯"青少年校园足球联赛最佳组织奖;2022—2023 年郑州市"市长杯"小学男子足球超级甲组亚军;2021 年度河南省青少年校园足球"省长杯"联赛小学女子组冠军、2022 年度亚军、2023 年度冠军;2023 年河南省第十四届运动会青少年足球赛竞技组女子丙组冠军;2023—2024 年金水区"区长杯"青少年校园足球联赛小学女子超级组冠军;2023—2024年金水区"区长杯"青少年校园足球联赛小学男子足球超级甲组亚军;2024年获得郑州市第十二届运动会足球比赛女子丙组冠军。

二、"足"够热爱,"球"知若渴

金桥学校牢固树立"健康第一"的教育思想,体现"乐享足球"的理念。在金桥学校有一种共识:校园足球首要目标是育人,其次才是学习足球技能。校园足球是素质教育实施的有效途径,也是落实"求真教育"办学主张的重要方法。校园足球不等同于竞技足球,学校不仅要培养、发展优秀的足球运动员,更要使全体学生积极参与足球运动,激发对足球运动的兴趣,培养对足球精神的向往,成为求真至善、阳光健康的金桥少年。

金桥学校定期召开校园足球工作会议,明确校园足球工作指导思想,制定工作目标,有计划有步骤地广泛开展校园足球文化活动。成立校园足球工作领导小组,确定由副校长主抓校园足球工作,足球专项教师团队具体落实,体育教研组协同配合的联合机制。校园足球工作领导小组负责建立健全校园足球工作安全预案,组建校园足球训练队,确定训练计划并保质训练。每周集中训练,周末以赛代训,假期坚持按计划训练,不断提高体能和足球技、战术,足球教练员能不断总结、主动提高,有针对性地为每一名队员制定训练计划,同时参与制定校园足球发展规划。

此外,金桥学校还着力配齐、加强体育师资,满足足球专项体育教师配比,主动为体育师资创造培训学习的机会,定期开展体育教学研究,不断提高体育教师教学技能。场地设施、器械配备基本达到国家标准,满足体育教学需求,并定期做好补充与维护,确保足球场地、基本训练竞赛器材充足。

三、"足"够全面,"球"真务实

金桥学校严格落实金水区"四课+活动"的校园足球工作推进策略,通过"课时科学分配、课堂学习技能、课外巩固练习、课间强化提高、活动融合文化",

面向全体学生,狠抓足球教学的落实,努力使全体学生参与足球运动。同时确立了校园足球运动要"在全员中提升,在普及中发展"的工作思路,指明了"将足球社团发展向足球运动全员化普及发展"的方向,坚持以课堂教学为主阵地,以大课间全员参与为着眼点,以社团建设为辐射圈,通过专业化课程化实施,将足球教学成果应用于阳光大课间,实现"课堂上教—大课间练—社团提升",在"全员参与、社团拔高"的互动发展中,让快乐足球成为学校的特色名片。

(一)以课堂教学为主阵地,推广普及校园足球

按照金水区"一校一品"建设要求,金桥学校将每学期的体育课时分为三部分,进行不同内容的教学。在开足开齐《义务教育课程方案和课堂标准》规定的体育课的基础上,根据学校特色开展校本课程,每周安排一节足球课,由足球专项教师任教,依托体育教学和技能培养创新教学模式。金桥学校每学期体育课时的40%进行"乐享足球"教学,40%进行基础技能项目教学,20%作为教师自选项目进行教学,保证按时按质进行足球运动的推广和普及。学校引导足球教师认真钻研课标、吃透教材,坚持"双备三研"的教研制度,以教研为先导,立足课堂,探索"乐享足球"的教学模式。每一节课都要经过认真备课,在多次沟通磨课的过程中优化教学,提升教学效果。

(二)以足球大课间为着力点,助推校园足球发展

金桥学校秉承"大课间就是一节体育课"的理念设计、组织足球大课间。足球大课间的设计依据体育课基本流程,在有限的30分钟时间里,设计了四个板块:进场准备、乐享足球、体能提升、舒缓放松。四个板块层层递进,实现了趣味性和锻炼价值的融合。其中,"乐享足球"与"体能提升"两个板块是设计的重点。全校2900多人的大课间练习保证了体育活动参与的广度,耕耘了体育教学内容的深度,提高了体育精神的高度,达到了"日日有练习、月月有提升、年年有传承"。为了确保大课间活动科学合理地开展,学校每周坚持抽测学生心率,通过数据了解学生参与活动的积极性、学生身体素质是否得到有效充分的锻炼、活动内容安排是否合适。

经过几年的摸索和实践,足球大课间已成为金桥学校一张亮丽的名片。2019年5月,金桥学校参加了郑州市中小学校阳光体育足球特色大课间现场观摩活动,其足球大课间展示得到了与会的300余名领导的一致好评。2019年6月,由新华社、人民网、中国教育报、中国教育电视台、中国体育报等多家媒体参加的"国家媒体校园足球中原行"采访团,首站来到金桥学校观摩足球大课间,并对师生进行了采访。2019年9月,河南卫视《全家福来了》节目组来到学校录制大课间,并于11月12日晚间播出该校大课间及校园足球开展情况。2019年10月,参加了郑州市第七届阳光体育节优秀体育大课间评选活动,得到了评委的一致好评。另外,学校多次接待了洛阳、内蒙古、江苏等地的教育团体的观摩学习活动。

(三)以社团建设为辐射途径,提升学生足球认知水平

金桥学校"金之梦"足球社团培养了学生对足球的兴趣,满足了具有足球爱好、足球梦想的学生进行高水平学习的需求,在年级、班级中还形成了良好的辐射、带动作用。学校在全员普及的基础上,着眼学生个性化需求,注重梯队化培养,成立了6个不同年龄段的"金之梦"足球社团,分为U8、U10、U12等队,队员近200名,满足了不同层次学生进行高水平学习的需求。

(四)以创新校园足球竞赛活动为抓手,培育足球文化

金桥学校根据区教育局的倡导,每年都会举办"校长杯"班级足球联赛,目前已经举办十届,学生在比赛中勇敢拼搏,通过比赛得到了锻炼,增进了友谊,变得更加阳光自信。金桥学校每年举行形式多样的足球文化周活动,例如足球小报征文、足球绘画活动、班级足球队队旗设计等,让师生沉浸式体验足球文化,充分体现班级凝聚力,加大校园足球普及力度。每年全员运动会期间,还会开展足球单项技能竞技活动,单独设立运球绕障碍物、传球、颠球、射门等足球游戏,吸引广大学生走进足球场,既激发了学生的运动积极性,又锻炼了其足球基本功,使学生参与足球活动的热情空前高涨。学校利用广播站、微信公众号宣传足球文化,开展足球主题的班级黑板报设计比赛和知识竞赛,使校园足

文化氛围日渐浓厚,实现"以球健体,以球促智,以球育德,以球树人"的教育价值,让学生在强身健体的同时,还培养了积极向上的体育精神。

(五)以完善校园足球评价机制为载体,拓宽学生成长空间

为了让学生更加积极地参与足球运动,金桥学校建立了"乐享足球"多元评价体系,实行个人、班级、校级三级评比奖励制度,每周开展大课间评比活动。为了进一步提高家长对足球运动的认识,金桥学校将足球练习延伸到课外,利用家长会对家长进行培训,建立班级微信群,使该群不仅成为老师们提供足球知识的"网络教室",更成为家长参与、孩子练习的展示平台。

(六)以经费支持为基本保障,确保工作有序开展

为切实保障校园足球工作的有序开展,学校不断完善投入机制,不断加大资金投入,积极组织校园足球教学、比赛、活动、培训等活动,如:购买设备器材、服装、保险,组织体检;组织学生去广西、海南冬训,去韩国、德国、西班牙、荷兰学习培训,去开封、洛阳、沈阳、南京、秦皇岛等地参加省内外比赛;为了更好地开展校园足球文化活动,在操场南侧铺设了一块足球场。

四、"足"够精彩,"球"之有道

乐在其中,"足"够精彩。校园足球工作的目的就在于体教结合、以"球"育人、强身健体。金桥学校坚持把体育教育作为育人事业来做,用竞技性、对抗性、挑战性的体育项目,不断挖掘学生在体能、技能、智力、人格等方面的潜力,最终培养出德、智、体、美、劳全面发展的时代新人。

金桥学校会持之以恒地大力支持教师参加各级足球培训,鼓励教师强化足球理论和技术学习,扎实上好每周一节的足球课,合理制定教学目标,安排恰当的教学内容,规范课堂流程。

足球运动在促使学生强身健体的同时,更是塑造了学生坚韧顽强的优秀品格。通过不断拼搏探索,金桥学校已形成较为先进的足球教育理念和发展体

制,逐步形成一套完整的校园足球教育体系。

以心育德,用心养德,金桥学校将用实际行动坚持做好校园足球工作。学校有足够的设施设备,有优秀的金桥教师团队,相信一定能走出一条属于金桥自己的校园足球之路,培育出金桥独特的校园足球文化。

案例十七
情智共生　立德树人　成长至上

郑州市金水区农业路小学

一、郑州市金水区农业路小学简介

郑州市金水区农业路小学（以下简称农业路小学）于1958年建校，现有38个教学班，112名教师，2000余名学生。学校秉承"立德树人　成长至上"的办学宗旨和"教师成长引领学生发展，学生成长成就教师幸福，师生成长铸就学校辉煌"的办学理念，将"健康、乐学、善思、践行"作为育人目标，全面推进素质教育。

近年来，按照金水区教育局提出的"一校一品"工作思路，农业路小学把"足球"作为"特色发展　内涵提升"的突破口和有效抓手，构建并打造了足球课堂、足球大课间、足球班级联赛、足球专项运动会、足球社团等"五位一体"的校园足球文化，充分发挥足球的育人功能。特别是学校的先锋足球社团，经过十余年的坚持和发展，已成为培养优秀足球人才的摇篮，在各级各类足球比赛中，取得了优异的成绩。农业路小学先后荣获全国青少年校园足球"冠军杯"赛总决赛季军、河南省第十二届运动会暨首届全民健身大会学生组校园足球"冠军杯"赛小学男女两项冠军、河南省校园足球"冠军杯"赛小学男子组冠军、郑州市第十一届运动会男足冠军、郑州市校园足球男子组三连冠等诸多奖项。

农业路小学先后获得"全国校园足球特色学校""河南省体育传统项目学校""河南省校园足球示范学校""河南省先进家长学校""郑州市文明学校""郑州市师德先进单位"等荣誉称号。

质朴活泼的少年儿童、优秀进取的教师队伍、傲人的足球战绩……这便是农业路小学的骄傲。

二、营造浓郁的校园足球文化氛围

足球是一种文化,更是一种传承,这在农业路小学得到具体的诠释。2009年学校唯一的操场还没有修整,学生活动后往往满脸泥土。就在这块操场上,农业路小学足球队开始孕育、成长。当时足球教练员程路老师带领一群学生在这样满是土的操场上训练,凭着学生的坚毅与教练员的辛勤付出,他们勇敢地与其他足球强队过招。当时,农业路小学的"小米加步枪"也敢和"洋枪洋炮"进行"拼杀",队员没有训练服,也没有比赛服,他们穿着破烂的秋衣秋裤,背着破烂的球包,由家长骑自行车带着去参加比赛,看到别的学校整齐的比赛服学生很是羡慕,但没有胆怯;比赛场上他们的团结意识、默契配合以及娴熟的动作让对方惊讶。当他们遇到比自己高一头的对手时也毫不怯懦,他们心中只有一个梦想:我们是最棒的!通过建立这种自信,学生无论是在生活上还是在学习上,遇到挫折困难时都能应对自如。这种自信也影响了学校的其他学生,学校的学风校风也发生了较大变化。

每次学校足球运动会,不仅能够看到学生为班级而战的潇洒身影,更能听到学校的班级啦啦队震耳欲聋的呐喊助威声,还有足球主题的黑板报、足球小记者的跟踪报道等,让整个校园足球文化活动更加丰富多彩。农业路小学在宣传栏或足球场旁边设置足球文化展览区,展示足球明星海报、足球历史图片、世界杯精彩瞬间等。同时还利用校园广播在课间、午休等时间播放足球新闻、足球故事、足球歌曲等,营造浓厚的足球文化氛围。

三、开展丰富多彩的足球活动

依据《体育与健康课程标准》和《金水区体育与健康课程各年级必修教学内容》的有关要求,基于学生成长需求,结合学校师资水平和足球文化传统,农业路小学围绕"社团先行切入—课堂实施普及—课间练习强化"的规划思路,分层设置课程目标,进行"我为球狂"足球校本课程的构建,使其成为学校育人目标

的有效载体之一,帮助学生掌握体育运动技能,养成坚持锻炼的习惯。

(一)社团先行,示范引领

学校先锋足球社团成立11年有余,从社团章程、学期活动计划制定,到活动指导设计、活动记录反思,再到活动评价、成果展示等,坚持规范化、常态化、课程化开展活动,取得了良好的育人成效,起到了很好的榜样引领、辐射带动作用,吸引了更多的学生关注并参与足球运动,促进了足球运动在全校的普及和推广。农业路小学以一年一度的"校长杯"班级足球联赛、足球全员运动会为依托,实现足球运动的全员参与;以"校长杯""区长杯""市长杯"足球联赛为舞台,实现学校足球运动的全方位展示。足球队员们以其刻苦训练、团结协作、为校争光的品质,赢得了一座座奖杯。

(二)课堂实施,普及巩固

课堂教学是课程构建实施的主渠道。农业路小学围绕"了解熟悉足球运动起源、比赛规则等常识,掌握适合自己的足球运动技能;在参与足球运动的实践体验中传承团结合作、顽强拼搏精神,培养阳光向上、追求梦想的人生态度"的足球运动全员普及目标,从课程规划制定、纲要教材编写、教学设计、课堂实施、教学评价等方面,积极推进"足球进课堂",引领全体师生走近足球,感受足球,在足球运动中得到成长,从而达到普及巩固足球运动的目的。具体措施如下。

1. 组建团队,引领足球教学规范实施

为了加强对"乐享足球"足球校本课程的构建,农业路小学专门成立了足球课程构建工作领导小组,由校长负责,教导处督促检查,体育主管领导全程跟踪指导,确保体育组全体教师按计划实施足球教学。

2. 形成合力,助推足球教学优质发展

为了得到师生及学生家长的理解和支持,保证足球教学的优质发展,农业路小学通过全体教师会、升旗仪式、家长会、班级微信群、微信公众号等多种渠道进行宣传发动,形成多方合力,有效推动足球教学工作的顺利开展。

3. 完善机制,保障足球教学有效高效

农业路小学"乐享足球"校本课程根据教体局"442"课时分配策略,利用体育课按每周一课时的方式进行足球教学。足球课由足球教师负责,实现专业化教学,采取课例研讨的方式,以研促训,引导体育教师以研究的态度对待课程实施工作。

具体做法是:课前通过集体备课,共同确定教学目标和内容;课上体育教师轮流执教,小组成员参与听课;课后小组成员集中研讨交流,在验证教学方案可行性的同时,针对课程实施过程中的问题和困惑进行研究并达成共识,力争逐步早日形成"规范、高效、情智共生"的足球课堂文化。

(三)课间练习,强化提高

农业路小学将"每天两次大课间,确保锻炼一小时"作为学校体育工作的指导方针,把足球作为大课间的主要元素进行了设计。第一次大课间按照准备部分、技能部分、体能部分、结束部分四个环节创编适合学生练习的特色内容,实现"课上内容课下练、学习内容平时练、集中学习分散练"的高质高能高效锻炼模式,有效地提高了学生学习参与的积极性,保证了学生锻炼的时长和时效。

第二次大课间按照学校"乐享足球"足球校本课程规划周期安排,以一节体育课的框架结构进行设计,确定活动内容和流程由准备活动、基本技术、技能提升、体能练习、结束放松五个部分组成。其中,准备活动部分是环形跑热身,让学生充分热身,不仅可以提高学生的心肺功能,还能避免学生因热身不充分造成运动损伤;基本技术部分是原地拉球、碰球、踩跳球、颠球等基本技术动作练习;技能提升部分依据学生年龄特点及实际运动水平,设计难度螺旋上升的足球练习内容,如脚背正面运球、脚弓传球、传接球过人、"8"字绕杆练习等,采用多样的练习方式,不断提升学生的运动兴趣,提高控球能力。体能练习部分依据《体育与健康课程标准》,将课程内容和目标要求与大课间有机结合,分别设计安排了原地小步跑、后踢腿跑、肩肘倒立、跪跳起等体能技能训练项目,使体育课所学内容得到充分练习,同时也提高了学生的身体素质,增加了核心力量。结束放松部分是足球运动调节放松练习,一曲《少年说》体现少年气概,学生伴

随着乐曲,调整呼吸、舒展身心,逐渐恢复身体机能。

在大课间活动中,全体学生共同参与练习展示,共同巩固强化提高,实现"乐享足球"校本课程阶段性目标;同时实现了集中学习与分散练习相结合,课上学习课下练的分散练习模式。

农业路小学曾先后多次承接大课间展示活动,如2018年11月在河南省校园足球现场会上,农业路小学大课间展示赢得,现场专家、领导的一致称赞;2019年在郑州市体育节开幕式上,农业路小学进行了大课间现场展示;2024年11月2日,全国中小学落实每天两个大课间体育活动暨新兴体育项目进校园现场观摩交流会在农业路小学举行,本次大课间展示由中国教育学会体育与卫生分会和河南省教育厅主办,吸引了全国各地的教育专家、领导等500余人参加;承接武汉硚口区、安徽芜湖等地兄弟学校到校进行互动交流等。通过交流学习,了解到外地市足球发展现状,为今后农业路小学足球发展提供了帮助。河南电视台、大河报、豫视频等多家媒体进行报道,让更多家长、社会人士了解农业路小学足球活动的扎实开展,为学校的发展树立了良好形象。

(四)营造浓郁的校园足球文化氛围

农业路小学每年至少举行一次足球运动会,内容设置有班级足球联赛、足球亲子比赛等,还邀请体育公司策划足球活动的实施与开展。2019年学校聘请耀胜体育公司策划了"奔跑吧!少年"农业路小学足球游戏运动会。运动会共设置有足球斯诺克、超级神社、弯道冲刺、最强拍档、热血足球、激情对抗、足球标靶、意念足球、亲子运球接力、足球涂鸦等十多个足球游戏项目。

为了让更多的学生了解和参与校园足球游戏运动会,农业路小学开展了广泛的宣传发动工作。通过校园广播、宣传栏、班级板报、学校微信公众号、班级微信群等多种形式,宣传足球文化的内涵和意义,介绍足球运动的基本知识和技能,展示校园足球文化活动的精彩瞬间;学校还组织了足球文化主题班会、足球知识竞赛等活动,激发学生对足球运动的兴趣和热爱。学校要求学生全员参与,同时征集家长志愿者,积极邀请家长参与校园足球文化活动,通过家长会、家长开放日等形式,向家长介绍校园足球游戏运动会的开展情况,争取家长的支持和配合。在学校的广泛宣传下,长报名积极性非常高,甚至多个班级出现要求追加家长志愿者名额的现象。

耀胜体育公司与学校经过多轮沟通,制订了详细的实施方案,包括开幕式及活动流程、参与人员、场地设置、积分及奖励规则、运动会流程、参与嘉宾等。金水区教育局副局长、体卫艺科科长等领导以及兄弟学校的领导等共同参与了运动会的开幕式。

在校园足球游戏运动会期间,家长志愿者和活动组织老师密切配合,学生通过"过关"积分的形式参与活动,他们或踢准,或运球,亲子运球接力等项目让家长和学生都玩得不亦乐乎。意念足球是考验学生的定力和耐心,游戏中,平时毛躁的学生也能够做到平心静气、不急不躁,成功时他们会振臂高呼,失败时也不气馁甚至要求再玩一局。有家长感慨地说:"小小的意念足球能够让孩子安静下来,这是我们万万没有想到的,希望学校能够多举办这样的活动,感谢学校为孩子提供了这样一个平台。"

四、 乐享足球初见成效,回首反思一路前行

先锋足球社团是足球校本课程的切入点和亮点,展示了学校足球特色项目的深度;师生全员参与是"面",铺设了足球特色项目的广度。点面结合使"乐享足球"逐渐成为学校的品牌课程,成为展示学校品牌的特色窗口,初步形成了"一校一品"。"乐享足球"品牌课程的构建,进一步提高了学生的体质健康水平,培养了学生参与运动的积极性和学习技能的主动性,为养成终身体育习惯奠定了良好基础;进一步增强了学生的团队合作意识和竞争抗挫能力,使其在健康的环境中形成健全的人格;进一步深度融合了学校的体育文化与校园文化,品牌效应不断彰显,农业路小学的足球品牌已经成为学校的代名词,赢得了家长和社会的充分认可。

当然,农业路小学在足球发展的道路上还有很多不足,例如因资金问题,足球教练员外出培训学习机会减少,与外界足球交流机会也相应变少,导致足球教练员对现代足球的发展认识不足,足球理念落后,技、战术素养无法与时代接

轨；学校学生对足球的认识和理解较为肤浅，参与度不高，导致学生练习积极性不高，足球社团学生练习持续性无法保障等。

　　回首反思，一路前行，从足球社团的蹒跚起步到"足球进课堂"的全面普及，从校园联赛的小荷初露到各项赛事的硕果累累，农业路小学校园足球蓬勃发展的背后饱含着各级领导的引领、指导和支持，蕴含着教育者对教育行为的深入思考和规划实践，也蕴含着全体教师的执着追求和学生的无限热情，足球文化正滋养着农业路小学师生的心灵，助推学校形成特色教育。我们期待，小小的足球演绎学生的精彩童年，成就学生健康幸福的人生。

案例十八
夯实足球发展根基　打造以文化人环境

郑州市郑东新区中州大道小学

一、郑州市郑东新区中州大道小学简介

郑州市郑东新区中州大道小学（以下简称中州大道小学）是一所隶属于郑东新区教育文化体育局的公办小学，地处美丽的龙湖湖畔，地理位置优越。学校占地38亩，建有300米环形塑胶跑道，以及足球场、篮球场、乒乓球室、室内体育馆等多类运动场地，器材配备充足。附近的大河村遗址博物馆、中原科技城、龙湖湿地公园、足球公园等社会资源，为学生提供了浓厚的文化氛围和丰富的实践活动资源。

学校目前拥有36个教学班，1893名学生，101名在职教师。学校积极贯彻落实国家立德树人教育方针，在上级部门指导下，秉承"循自然法则，做大道教育，育时代全人"的办学理念，培育"心中有爱，眼里有光，身体健康，举止高雅，热爱劳动的大道好少年"。学校以课程建设为抓手，构建了包括人格、智慧、健体、艺术和环境五大领域的大道教育课程体系。其中以足球为代表的健体教育不但是学校课程的重要组成部分，也是实现学校特色发展的有力突破点。学校体育文化氛围浓郁，啦啦操和足球全面推进，全员普及。通过全体师生不懈努力，学校先后荣获"全国啦啦操实验学校""全国青少年校园足球特色学校""河南省义务教育标准化管理特色学校""郑州市足球、啦啦操体育传统特色项目学校"等荣誉称号，并连续4年承办郑州市"市长杯"青少年校园足球联赛。校园足球已成为学校健体教育中的一张亮丽名片。

二、强化育人功能,增强校园足球文化认知

中州大道小学深刻认识到构建校园足球文化不但能让学生获得足球运动技能,还能培养学生的意志品质,促使其养成积极向上的生活态度。增强对校园足球文化的认知,能激励学生对足球运动发自内心的热情,真正推动我国足球事业的发展,从而助力全民身体素质的提升和体育强国建设的实现。

中州大道小学积极响应国家号召,注重挖掘校园足球运动深层次的文化价值,将其融入各项活动的设计与开展之中,致力于打造独具特色的校园足球文化生态。如每年举行的"大道杯"校园足球文化活动节和"市长杯"赛事,不仅是足球竞技的平台,更是培养学生综合素养的舞台。该校致力于让学生在参与比赛的过程中,深刻体会到团队合作的力量,学会面对困难和挑战时坚持不懈、奋勇拼搏。同时,通过"大道杯"校园足球文化活动节,包括"大道杯"足球联赛开幕式、班级展演、社团展演、单词大赛、足球海报设计展等活动,向学生传递足球运动所蕴含的积极向上的体育精神和正确的价值观,引导他们在享受足球乐趣的同时,不断提升自身的道德修养和社会适应能力,为其未来的发展奠定坚实的基础,充分发挥足球"培根铸魂"的育人功能。

三、五位一体,开展校园足球文化活动

经过4年打磨,中州大道小学"大道杯"校园足球文化节如今已成为校园文化生活的一大亮点。它不仅是一场体育竞技的盛会,更是一次全面育人的生动实践。全校上下齐心协力,从统一思想、整合资源、内外协同、安全保障及校内外宣传五方面着手,构建起立体化工作体系,奋力打造全面育人的足球文化活动新生态。

(一) 构建五位一体的工作机制

1. 统一思想,目标明确

每年开学初学校管理层对"大道杯"校园足球文化节的意义、目标达成一致认识,确立清晰的方向并梳理各项活动的时间节点,为调动全校师生积极性打下坚实基础。班主任全程参与校园足球文化节,并向学生传达校园足球文化的重要性,激发学生的参与热情;体育教师负责具体训练和技术指导,确保活动的专业性;学科教师也将足球元素融入课堂教学,增强活动的普及度和吸引力。同时,定期召开联席会议,由校长牵头,教导处、德育处、体卫艺等部门参加,及时解决跨领域问题,确保各项准备工作无缝对接。

2. 整合资源,分工协作

体育组负责整体活动的策划与执行,包括赛事规则制定、裁判培训、运动员选拔与训练等,是"大道杯"校园足球文化节的主导力量;美术组承担校园足球文化节的环创布置,如活动主题设计、海报绘制、场景装饰,以及各类艺术创作竞赛的组织,以提升文化节的审美层次;语文组负责编写宣传文案、主持词,组织文学类活动(如征文比赛、演讲比赛),捕捉并讲述文化节背后的故事,增强活动的人文情怀;信息技术组运用数字工具进行活动直播、成绩统计等,提升活动科技感和互动性;此外,还有教务处的组织协调和德育处的管理跟进等。

3. 向外延伸,赋能聚力

活动策划前,主动向上级主管部门做好汇报和工作对接,努力申请政策支持和公共安全方面的保障,提升活动的规格和社会认可度。邀请家长参与开幕式、闭幕式及关键赛事,设置"家长方阵",增进家庭与学校的情感联系,扩大文化节的社会影响力。与周边社区合作,争取赞助,引入外部资源和专业人士指导,拓宽文化节的影响范围。

4. 医疗保障,守护安全

学生安全是任何活动顺利进行的前提,尤其对于体育性质的活动而言更是如此。要在校园足球文化节筹备之前就对各班级特殊体质的学生进行摸排,确保每位运动员的身体状况符合参赛要求。在活动开展前,班主任及体育教师会

对学生进行安全教育,包括如何避免运动损伤、正确的热身方法,以及基本的急救知识,提升他们的自我保护意识。比赛现场设置有医务处,校医全程在场,并配备充足的急救包和 AED(自动体外除颤器)。比赛结束后,为有需要的学生提供恢复指导和必要的医疗随访。

5. 广泛宣传,辐射带动

学校充分利用校园广播、电子屏、微信公众号等媒介,发布"大道杯"校园足球文化节动态,引起全校师生的关注与期待。同时积极借助地方媒体、网络平台及社交媒体账号,发布新闻稿、精彩瞬间、幕后花絮等内容,提升文化节的知名度与美誉度,吸引更多社会人士的关注与支持,传递奋勇拼搏的体育精神和社会正能量,促进全民运动的开展。

(二) 指向五育融合的足球文化

1. 以球厚德,熔铸品德之基

每年的"大道杯"校园足球文化节,不仅是一场体育盛会,更是一堂鲜活的德育课。通过组织公平竞赛、团队协作训练以及体育道德班会等活动,学生学会了尊重对手、团结合作、诚实守信。借助"体育道德风尚奖"进行表彰,为其他同学树立起榜样,激励更多学生在足球运动中注重自身品德修养的提升。

2. 以球长智,探索知识海洋

"大道杯"校园足球文化节还是一个学习的平台。在每届足球文化节期间,各学科积极开展跨学科融合的实践,如"大道杯"单词大赛,将英语学习与足球术语巧妙结合,激发学生学习英语的积极性;"大道杯"科技节则鼓励学生运用信息技术知识控制机器人在模拟足球场上进行比赛,激发学生对科技创新的浓厚兴趣;语文组教师鼓励学生撰写足球比赛观后感,提高学生的写作能力和表达能力。

3. 以球健体,养成运动习惯

"大道杯"校园足球文化节是中州大道小学的标志性体育盛事,承载着激发学生体育潜能、弘扬足球文化的重任。文化节拉开帷幕之时,校足球队队员率先亮相,以精湛的技术和高昂的斗志,为师生呈献了一场视觉盛宴。这场表演赛不单单是技术的展示,更是对足球精神的传递,极大地激发了全校上下对足球运动的无限向往。紧接着的是覆盖全校的班级足球联赛,这一赛事打破了常规,让每一个学生都有机会走上绿茵场,感受团队协作的乐趣与体育竞技的激情。校园足球文化节期间,体育课特别增设了足球大单元教学,教师倾力相授,理论与实操双管齐下。大课间和延时服务时段,则成为实践的沃土,学生在一次次的实践中巩固技能,在比赛中检验成果,从而形成了一个完整的"学—练—赛—评"闭环。

"大道杯"校园足球文化节不只是一场体育竞技的狂欢,随着时间的推移,其影响力持续激发更多学生发现体育运动的魅力,养成持之以恒的运动习惯。

4. 以球创美,镌刻审美印记

文化节设有开幕式,涵盖全校体音美学科的社团展示及各班级方阵展示、足球表演赛等。每个班的师生集思广益,从节目的构思到道具的设计,处处透露出师生们的巧思。开幕式上,各班百花齐放,竞相展示独具特色的表演。同时学校也邀请家长代表参与,在开幕式中对各班的节目进行打分,评选出"开幕式最佳表演奖",以此高度肯定师生们的倾心付出。

为了吸引更多师生和家长的参与,除了传统的班级足球联赛外,文化节中还举办以足球为主题的绘画展、啦啦操表演等文化活动,吸引不同兴趣和特长的学生参与,如该校的非遗文化展、海报评选活动等,学生可自由选择不同形式的作品参赛,无论是色彩斑斓的手绘海报,还是细腻精致的传统剪纸,抑或是栩栩如生的面塑模型,都是对足球之美的深情解读。在比赛现场,学生制作的精美加油标语,编排的啦啦队舞蹈等,为比赛增添了一分亮色。"大道杯"校园足球文化节通过将体育与艺术紧密结合,不仅促进了学生身心的全面发展,更教会学生在追求速度与力量的同时,不忘欣赏沿途的风景,用心体会生活。

5. 以球育劳,锻造勤勉品格

在文化节的筹备和执行过程中,学生全程参与。从场地布置、赛事组织到后勤保障,每个环节都需要辛勤工作和细致规划。例如"大道杯"足球班级联赛期间,除了场上的运动员外,还设置了球童、啦啦队、摄影师等非比赛类角色,让学生在不同的工作岗位中体验团队运作流程,增强责任担当与协作精神。同

时，通过组织"绿色环保卫士"行动，鼓励学生在比赛前后主动承担维护环境卫生的责任，培养良好的公共道德。这种方式将劳动教育与足球文化深度融合，培养学生正确的劳动观和价值观，让学生在参与校园足球活动的同时，也能在劳动中得到锻炼和成长，实现以球育劳的教育目标。

中州大道小学校园足球文化节在生动活泼的文化环境中顺利展开，有效加深了学生对足球运动的认知，培养了团队合作精神、社会责任感以及创新能力，真正实现了体育教育全面育人的宗旨。这既是对该校体育传统的继承与发扬，也是对新时代教育理念的积极回应，更将成为推动该校校园足球文化繁荣发展及促进学生全面发展的强大力量。

四、及时反思改进，提升校园足球育人实效

"大道杯"校园足球文化节是中州大道小学在校园足球活动的基础上探索出的足球综合活动新模式，其深入挖掘了足球的育人价值，让足球扎根校园，渗透校园生活的方方面面，丰富了学生的课余生活，在多个维度上促进了学生的成长与发展。

（一）丰富校园文化生活

"大道杯"校园足球文化节通过组织多样化的足球比赛、方阵展示和足球艺术展等活动，使校园文化得到了极大的丰富。在文化节期间，校园中洋溢着青春的活力与激情，全校学生发挥各自特长，享受足球快乐，品味足球文化，绽放不一样的精彩，增强了学校的凝聚力，营造了积极向上的校园氛围。

（二）培养良好体育精神

足球是一项团队运动，也是培养团队合作精神的绝佳平台。在活动中，学生学会了如何沟通协调、相互支持，如何面对胜利与失败。他们在开幕式上尽情表演，在绿茵场上努力拼搏，在赛场边呐喊助威，这种团结协作、不畏艰难、勇于挑战的精神面貌正是我们希望看到的"体育精神"。

(三)提升学生参与度

令人欣喜的是,通过校园足球文化活动的深入开展,更多学生开始主动参与足球运动,在了解足球知识的基础上,提高足球专项技术水平。无论是运动员还是观众,他们都在体验中感受到了足球的魅力,加深了对体育运动的热爱。

尽管"大道杯"校园足球文化节取得了一系列令人瞩目的成果,但在回顾整个活动的过程中,也发现了一些需优化之处。第一,未来学校将进一步建立科学评估体系,涵盖活动质量、学生参与度、师资水平与场地条件等方面,确保校园足球工作进一步发展;第二,拓展校园足球文化交流平台,加强学校与学校、学校与地区之间的交流与合作,共同提高校园足球文化建设水平;第三,学校将继续深化家校社协同机制,邀请家长深度参与,利用社区资源扩展训练与竞赛机会,引入专业教练员提升学生的足球技术,共同营造积极向上的足球文化环境,着力促进学生综合素质全面提升。

"大道杯"校园足球文化节作为一次成功的五育融合实践,取得良好的教育效果和广泛的社会反响,未来该校将继续秉承初心,不断探索和完善。期待这一活动能在校园文化建设和学生综合素质提升方面发挥更大的作用,成为该校体育文化活动的一张亮丽名片,照亮更多学生的成长之路。

案例十九
百年郑上传薪火 以"球"育人铸品牌

郑州市中原区郑上路小学

一、郑州市中原区郑上路小学简介

郑州市中原区郑上路小学(以下简称郑上小学)始建于1920年,首任校长宋增昂先生怀着"教育救国"的梦想利用"三官庙"的12间庙舍兴办学堂,时称郑县第一完小,1956年5月邓颖超到校视察,同年8月改名为郑上路小学。学校占地面积19.5亩,目前有44个教学班,2368名学生,135名教师,在全校师生的共同努力下,学校已形成"教风正、学风浓"的良好校园文化氛围和"诚、敬、勤、新"的郑上精神。

学校1974年成立足球队,经过多年的实践探索总结出一套"一核心三层次四时段"的足球训练模式。"一核心"是以提升学生学习力为核心,"三层次"是足球队根据年龄分为U10、U11、U12三个层次,"四时段"是足球训练的时间分别有早训、晚训和寒暑假训练。

在彰显足球特色的基础上,经过专家团队的探讨和论证,确定学校的文化为"和"文化,做"和"教育,在此基础上形成"和而不同,怀德好学"的办学理念,"培养慧高体健的双优学子"的育人目标和基于"足球"特色的脑体全优能核心素养课程体系,此体系将国家课程、地方课程和校本课程进行融合,在"脑体双优"理论的支撑下,形成"健康力、学习力、生活力、创造力和审美力"五大类课程,分别指向德、智、体、美、劳等"五育",基本实现既突出学校的足球特色,又实现五育融合的育人态势。

二、文化筑基，以"球"育人

（一）深刻理解校园足球文化的意义

校园足球文化活动主要是指以培育和积淀校园足球文化、营造校园足球文化氛围为主要目的，有计划、有组织开展的校园活动。校园足球文化活动能够丰富学生的校园生活，提升学生的身心健康水平，培养学生的团队协作精神、竞争意识、公平观念以及坚韧不拔的意志品质，同时也有助于发现和培养足球人才，为国家的足球运动发展做出贡献。

（二）把深刻理解转化为目标清晰的行动

郑上小学在深入理解校园足球文化活动现实意义的基础上，经过深入研究和不断改进，对校园足球发展的总目标做出定位：通过校园足球运动的普及，让学生在足球文化节、班级联赛、足球课、足球大课间等活动中爱上运动，养成每天至少运动一小时的好习惯，从而逐步找到适合自己的运动方式，养成终身运动的好习惯。

为了实现学校校园足球发展总目标，强化"以球育人"的理念，构建健康和谐的足球文化氛围，郑上小学以学生兴趣和特长培养为导向，从学生个性多元、智能多元的实际出发，从发展校园足球文化、普及校园足球运动、举办足球文化节活动、开发与实施足球特色课程以及与国内外学校和机构的交流合作等方面积极开展校园足球文化活动，致力打造"以球育人"的校园足球特色品牌，培养学生的社会责任感、创新精神和实践能力。

三、多元发力，为党育人

（一）加强组织管理 积极宣传发动

郑上小学高度重视校园足球建设的组织管理，成立由校长任组长的校园足球文化建设工作领导小组,全面负责活动的组织、领导和决策工作。同时,郑上小学还设立校园足球文化建设工作实施小组,由体育教研组长任组长,全体体育教师、各班班主任为成员,具体负责活动的组织实施、训练指导、竞赛组织、安全保障等工作。这样的组织架构能够确保活动的有序开展和高效推进。

为了广泛宣传校园足球文化,郑上小学充分利用校园广播、宣传栏、黑板报、微信公众号、视频号、抖音号等媒介进行全方位宣传,还通过举办全国足球邀请赛、邀请知名足球明星到校参观等方式扩大知名度和影响力,同时激发学生对足球运动的兴趣和热爱,营造浓厚的校园足球文化氛围。

(二) 培育足球文化,营造育人氛围

良好的校园足球文化可以为育人创造浓厚的氛围。郑上小学以足球为主题着力从足球特色大门、走廊文化、足球明星墙、足球文化长廊四方面打造校园文化。

1. 足球特色大门

郑上小学的大门突出足球元素,正上方是立体造型的足球和一群朝气蓬勃的踢球少年,让人站在大门口就能感受到浓厚的足球文化氛围。

2. 走廊文化

郑上小学各教学楼的走廊文化由世界著名的足球俱乐部、世界知名球星、世界著名的足球场馆和河南知名场馆及球星等四部分组成,其中河南知名场馆和郑上球星展板最受学生欢迎,小小的展板发挥了大作用,提升了学生作为河南人的自豪感,达到了"以'球'育人"的目的。

3. 足球明星墙

最受师生和嘉宾喜爱的是坐落在校园中央的足球明星墙,位于明星墙上方的是以足球为主题的形象墙,以抽象的手法展示学生参与足球运动的快乐场面,下方展出的是从郑上小学走出的24名国足队员的照片、手模和简介。学生在上学、下课、放学时经过明星墙都会驻足欣赏,有时会将手放进喜爱的球星手模里比一比,在心里默默许下踢好足球、报效祖国的美好愿望。

4. 足球文化长廊

学校在紧邻球场东侧的墙上彩绘足球比赛场景,下方是足球射门练习墙,

足球队员们每天在绿茵场上挥洒汗水,练习射门技巧,想象着自己有一天能踢出好成绩,实现梦想。这面巨大的足球文化墙与北墙上的"和而不同,怀德好学"的办学理念相互映衬,将学校的足球文化彰显得淋漓尽致。

郑上小学将足球元素渗透在学校文化的顶层设计中,学校 logo 经过四次迭代,每一次都有足球这个重要元素,最新版的 logo 整体以"和"为主线,相互携手的五星代表学校的"五大力"课程,同时又象征着学校取得的辉煌成就,驰骋射门的足球小将由郑上的首字母"Z"和"S"合成,又像汉字中的"之"字,寓意传承郑上特有的校园足球文化。

(三) 普及校园足球,激发运动兴趣

为了让更多的学生参与足球活动,郑上小学设计以"快乐足球"为主题的阳光体育大课间活动,创编了三套足球操,分别是加油助威的足球啦啦操、培养兴趣爱好的足球韵律操、普及基本技能的足球技能操。其中足球技能操的技术动作有碰球、踩球、身前踩拉球、身后扣球等,这些技术动作难度呈现阶梯状递进,即一至六年级的技术动作由易到难,逐步递进。通过阳光体育大课间活动,学生与足球的距离感逐步缩小,热爱运动的好习惯慢慢形成。

每年春季,郑上小学都会举行"校长杯"班级足球联赛。联赛为 5 人制,每班上场队员中必须有两名女生,但只能有一名校足球队员。为了更好地普及足球的相关知识,调动全体学生的参与热情,各班班主任积极带领学生投入训练、组建啦啦队、起队名、演练口号、购置装备、参加比赛等。

郑上小学还设置足球游戏区,创编许多动手又动脑的足球游戏,组织学生以班为单位参与足球游戏活动,体会团结合作的重要性,在参与中成长并逐渐喜欢上足球运动。

(四) 举办足球文化节,拓宽以球育人渠道

郑上小学从 2011 年起,每年举办一届为期一个月的校园足球文化节,每届一个主题,全体师生围绕主题积极参与各项活动。从策划到组织,再到最终的展示和评选,都由学生当家做主,让每一个学生都有参与丰富多彩的文化活动的机会,成就更好的自己。

足球文化节主题有张五一足球藏品展,足球创意作品展示,足球操展示,足球宝贝卡通形象征集,足球队队服设计及T台秀,足球队队旗、队徽设计比赛,全国足球邀请赛等。

第八届校园足球文化节的主题为"足球梦·中国心·郑上情",特邀中央广播电视总台著名导演进行策划指导,主持人袁文栋与学校四位小主持人同台主持。省、市、区各级领导参与此次活动,前国家男子足球队队员、郑上优秀学子郜林专门为母校捐赠球衣和"郑上腾飞"的牌匾。活动进行现场直播,点击量在6万次。足球文化节的火炬点燃及传递仪式吸引了众多观众的目光。整个活动在全场合唱《我的中国心》中结束,伴随着全校近3000人的歌声,一面巨型五星红旗开始在8名少先队员的手中传递。学校用足球激情点燃了学生的爱国之情,将育人融于无形。

第十届校园足球文化节的主题为"初心·传承·远航",将足球文化节与百年校庆整合进行。活动及校庆当天邀请到时任河南省教育厅厅长毛杰、河南大学教授王立群等嘉宾。毛厅长在讲话中对该校在校园足球发展方面所取得的成绩给予充分肯定,王立群教授创作的《郑上路小学赋》,全面总结了百年郑上发展历程,在赞扬校园足球发展时,他写道:"今之足球者,古之蹴鞠也,源于齐都而盛于服荒,流裔壮澜而本根不彰,诚可痛惜也哉!于焉郑之邦桢,稽往古,举宏纲。文熙洽,武烈扬。夙夜励精,尔来四十有七年也;春秋匪懈,所以声播而遐举矣。"郜林、王上源、古雅莎等郑上优秀学子纷纷发来祝福视频……精彩纷呈的文艺会演,将学校建校至今的光辉历程悉数呈现在舞台上,把庆典活动气氛推向高潮。校庆当天的直播点击量为24.08万次,云校史馆累计观看人数达3.4万人次。

在第十一届校园足球文化节中学校创新活动形式,从走出去参加比赛变为邀请强队举办比赛,成功进行首届"郑上·四季胖哥杯"全国少儿足球邀请赛,来自太仓百川源源、青岛鲲鹏、北京长白虎、西安浪潮等24支实力强劲的队伍会聚郑上小学参加比赛。省体育局青少处处长马延春莅临开幕式宣布比赛开幕;郜林也专程从深圳赶来为此次活动助阵。此次赛事进一步扩大了郑上足球在全国的影响力。

（五）开发足球课程，创新育人途径

郑上小学从实际出发，尝试整合足球活动与校本课程，开发郑上特色的足球特色课程《足以育智 球以健体》，旨在以此课程的实施来增强学生的足球技能，培养学生的足球运动兴趣和集体主义精神。

课程分为体育课、足球特色课、足球训练课三大版块内容，体育课是以学习国家体育课程为主的基础课程；足球特色课每个班每周一节，教学内容根据1—6年级学生的年龄特点设计，每个年级分三个模块，分别是足球游戏、足球理论、足球技能；足球训练课分为足球体训、足球对抗和足球竞技三个模块，每个模块的内容又分为不同的主题，这些主题展相互独立又彼此联系。每个年级的学生通过不同主题内容的学习，既培养了对足球的兴趣，又使自己的核心素养得到提升。

（六）文化交流助合作，以球会友促提升

郑上小学高度重视足球文化交流活动，50年来共接待国内外教育同人参观交流173次。1988年蒋淼老师带队接待日本"浦和市少年足球队"访问团；2004年学校足球队员赴日交流；2012年学校足球队员赴俄罗斯进行国际少儿足球交流活动；2014年4月巴西足球基金会负责人阿代尔顿先生到校考察青少年足球训练并作指导；2015年1月荥阳足协和学校代表进行校园足球交流；2016年5月意大利AC米兰教练给队员面对面传授踢球经验；2017年4月驻马店校长团、新加坡教育访问团到校参观研讨；2018年3月郑州市兄弟学校到校参观；2019年12月山东淄博参观团到校参观交流学习；2023年5月国家体育总局人事司李静司长带队到校调研。通过与国内外学校和机构的交流与合作，促进校园足球共赢发展的同时也大大提升了郑上足球品牌的影响力。

四、效果显著，反思促行

（一）以"球"育人成效显著

如今的郑上已成为一所足球特色鲜明、教育质量优异的百年名校，先后获

得全国首批校园足球示范校、河南省校园足球先进单位、河南省劳动教育示范校、郑州市文明校园、郑州市教科研先进单位、郑州市德育先进单位等40余项荣誉称号。中央广播电视总台、中国教育报、人民网、今日头条等媒体对该校校园足球文化活动进行报道,其中国家级媒体报道253次,省级媒体报道421次。

通过校园足球文化活动的积淀,学校逐步拥有属于自己的文化符号:学校logo、宣传画册、经验册、微电影、宣传片、足球笔记本、足球校本教材、足球卡通形象、足球队队歌、校足球队队旗和队徽、足球书签等。郑上足球队在各级各类赛事中也屡获佳绩,获得国家级荣誉60余项、省级荣誉350余项、市级荣誉600余项、区级荣誉1500余项。在2020—2022年"市长杯"青少年校园足球比赛中获得超级甲组、乙组冠军,2023年学校单独组队代表郑州市参加第十四届省运会五人制足球赛获得冠军,2024年获得河南省青少年校园足球"省长杯"冠军。

郑上的足球队员们不仅球技出众,学业成绩也稳步提升。近年来,该校足球队员中有超过80%的学生考入重点中学和高中,其中不乏被985、211等名校录取的佼佼者。如:郑上毕业生李猛、宋炫瀛现均就读于北京大学。同时,学校也为各级足球俱乐部和专业球队输送优秀足球人才共100余名,如:郜林、王上源、古雅沙等。这一现象被业界和媒体称为校园足球的"郑上现象"。

(二) 全面反思,砥砺前行

虽然校园足球文化活动吸引大量学生关注和参与,但仍有部分学生参与度不高。在今后的活动设计和组织中要进一步改进,以吸引更多学生关注和参与足球运动。面对校园足球经费严重不足的困境,学校将积极筹措资金确保足球训练、足球赛事的正常进行。

郑上小学紧跟时代发展趋势,围绕"以球育人"理念,50年精耕细作铸就郑上足球品牌。未来,学校将继续扛牢校园足球大旗,深化校园足球文化建设,积极开展交流合作,不断提高校园足球发展水平,为培养更多优秀的足球人才贡献力量。